# 幼儿音乐教育创新性发展理论与实践探索

王 婷◎著

吉林出版集团股份有限公司

**图书在版编目（CIP）数据**

幼儿音乐教育创新性发展理论与实践探索 / 王婷著.

长春：吉林出版集团股份有限公司，2024. 8. — ISBN 978-7-5731-5816-1

Ⅰ. G613.5

中国国家版本馆CIP数据核字第20246J4M08号

**幼儿音乐教育创新性发展理论与实践探索**

YOUER YINYUE JIAOYU CHUANGXINXING FAZHAN LILUN YU SHIJIAN TANSUO

| | | |
|---|---|---|
| 著　　者 | 王　婷 | |
| 责任编辑 | 聂福荣 | |
| 封面设计 | 牧野春晖 | |
| 开　　本 | 710mm×1000mm　1/16 | |
| 字　　数 | 205 千 | |
| 印　　张 | 11 | |
| 版　　次 | 2025 年 1 月第 1 版 | |
| 印　　次 | 2025 年 1 月第 1 次印刷 | |

| | |
|---|---|
| **出版发行** | 吉林出版集团股份有限公司 |
| **电　　话** | 总编办：010-63109269 |
| | 发行部：010-63109269 |
| **印　　刷** | 三河市悦鑫印务有限公司 |

ISBN 978-7-5731-5816-1　　　　　　　　　　　　定价：79.00 元

在生命的初期阶段，特别是在幼儿时期，音乐教育的影响力尤为显著。随着社会进步和教育研究的深化，人们逐渐意识到学前音乐教育对于个体终身发展的重要性。这种教育并不局限于入学前的准备，而是涵盖了更广阔的范畴。幼儿音乐教育被视作早期教育的核心要素，备受幼儿园、家庭乃至社会的广泛关注，家长们热切期盼通过音乐教育激发幼儿的潜能，促进幼儿身心的全面发展。

目前，我国的幼儿音乐教育主要在幼儿园环境中进行，这里的教育理念强调趣味性、情感表达、审美素养、创新思维以及健全人格的塑造。幼儿园音乐教育的目标不是单纯追求活动成果，而是侧重于幼儿在参与过程中对音乐的感知提升和创新热情的激发。为了丰富教育形式，幼儿园提供了多样化的音乐课程，如舞蹈、演唱、乐器演奏、学习音乐理论等。

幼儿音乐教育的本质在于潜移默化地影响。实施有效的幼儿音乐教育，关键在于如何使音乐教育与幼儿的和谐成长紧密联系，并以此为核心，摒弃功利目的，构建出有利于孩子全面发展和价值实现的教育体系。幼儿音乐教育的目标明确，即在音乐互动中，兼顾每个孩子的独特性，从不同维度进行美的熏陶和培养。幼儿音乐教育致力于创造机会，让所有孩子都能沉浸在音乐的氛围中，主动参与，尽情展现，从而激发他们的学习兴趣，使他们积累音乐体验，为他们未来音乐技能的持续发展打下坚实基础，挖掘并培养孩子的巨大学习潜力，为他们的人生旅程铺设稳固的基础。

本书在写作过程中参考了相关书籍、论文资料，主要参考文献已附在本书之后，在此向这些文献资料的作者表示真诚的感谢。

　　本书可以作为学前教育专业学生的专业学习参考书，也可以作为幼儿教师开展幼儿音乐教育活动的参考书。由于水平有限，本书难免存在疏漏之处，恳请读者给予批评意见和建议。


王　婷

2024 年 2 月

# 目 录
## CONTENTS

# 第一章　音乐教育概述

## 第一节　音乐教育的基本范畴

音乐教育与一般意义上的教育不仅具有一样的特点，也有着自己独特的特点，它是一种在育人性、社会性和国际性的基础上的个体性的升华，是对其进行研究的出发点，它的发展推动着整个社会教育的发展。所谓音乐教育，就是教育者运用各种音乐手段，对受教育者进行有目的的教育，使其形成对音乐的整体认识和创造能力的一种社会活动。不同的人对自己接受音乐教育的期待不同，有的人会选择做音乐的发扬者，有的人只是接受音乐文化的教育。在教学过程中，重点是做好音乐欣赏教育。音乐教育的本质就是它与其他事物能够区别开来的最基本的特质，是一种立体的结构体系，它包含了时间和空间直觉的教育，可以使人们获得音乐灵感，加强对音乐直觉和情感的感知能力训练、启发和引导。音乐教育可以进行有效的情感宣泄，展示美的实践，增强美的欣赏意识和能力。

音乐教育具有导向性和创造性。音乐追求审美价值的特质决定了音乐教育对人的启迪、引导作用。在艺术家族中，音乐独特的本质是能够将丰富的听觉意象变成现实。

英国哲学家罗宾·乔治·科林伍德在他的《艺术哲学新论》中表示，艺术是想象，但想象是活动。想象不应简单地让连续的意象闲散地飘过心灵，它应努力去想象和从事想象。像一个人可以想象其他任何东西一样，他也可以随意想象……但他为了努力更好地想象就要从整体和从长远的观点上来更好地想象。在音乐教育中如何激发学生对音乐的想象力"更好地想"，最关键的一点就是，作为一名音乐教育工作者，要对学生进行适时、高效的启发和指导，力求找到一种能够将学生丰富的想象力进行外显的教学方式。也就是说，音乐教育工作者要注重启发、诱导学生释放个人特有的音乐灵感，激发学生对音乐独特的心灵体验和音乐情感，并通过持续的音乐创作活动，让学生通过美的音乐来表达出来。

无论在哪个时代，音乐教育都能够通过音乐教育工作者独特的途径，将一个国家或民族的政治、道德、哲学、宗教等直接或间接地反映出来。伴随着科技的发展和人民物质生活的改善，音乐在人类的生活中所占的比例越来越大。音乐教育更是一个不可或缺的范畴，无论是在教育还是在音乐这两个方面，都是不可或缺的。

当前，国内外对于音乐教育的界定已经超越了传统的音乐教育的概念。在人类社会发展过程中，音乐有着非常重要的作用，从物质的生产到社会的生活，再到精神的信念，都离不开音乐的存在。要使这种特定的教育活动更好地开展，就必须从根本上认识到它的特点和规律，培育出一批音乐创作者和音乐消费者。国际音乐教育学会（International Society for Music Education，简称ISME）指出，音乐教育的内涵非常宽泛，它包括学校音乐和教师教育、职业音乐家教育、早期幼儿音乐教育、特殊音乐教育、音乐治疗和音乐学、社区音乐活动、文化教育和大众媒体中的音乐等。随着音乐教育的深入研究，人们对人生各个阶段的音乐教育都有了更深刻的认识。

# 第二节 音乐教育的价值与功能

## 一、人文教育价值

古希腊时期，教育的功能主要是发展智力、强健体魄、造就灵魂，音乐是可以塑造灵魂的。音乐教育的目的，在于对灵魂灌输节律与和谐，以发展良好的道德品格。恰当的音乐教育和恰当的体操训练是形成理想的第一步，因为具体实在的人所体现的和谐灵魂及优雅体态，就是理想的复本。节律及和谐能造就身体和心灵的优雅，能培养对具体形态中的美的认同和敏感。在《乐论》一文中，荀子揭示了音乐的魅力，认为它犹如圣人之喜，能滋养人心，净化风俗。中国的古老智慧与西方相似，均视音乐为塑造人文素养的有力工具，用音乐为政治服务。音乐欣赏不仅能够拉近听众与艺术家的精神距离，还能够分享到艺术家的情感世界，使受教育者感受到艺术家的情感与观念。音乐教育源于音乐本身，它引导受教育者深入音乐，实现情感的提升，这是一种深层次的人文审美教育。无论是提高乐器使用技艺，还是提高对音乐作品的欣赏能力，都是受教育者的审美之旅。在乐器技艺练习中，追求音色的完美就是一次审美的过程；在欣赏音乐作品时，受教育者通过理性洞察，能够发现作品的内在美与形式美，能够理解艺术家创作的意境，实现与艺术家心灵的共鸣。

## 二、促进受教育者多重素质的发展

在进行音乐演奏时，演奏者始终要把自己最好的一面展现给听众，而演奏者的表现也要尽善尽美，但绝不可能完美。这就让音乐表演者和受教育者都处于一种竞争的心理之中。在音乐教育中，受教育者需要具有较强的竞争意识和合作精神。例如，世界各地都会举行不同类型的音乐比赛，让优秀的选手脱颖而出，让表演者开启自己的演艺事业。与竞争一样，音乐教育中的合作也是非常重要的。例如，合唱需要每位队员共同努力、协同合作，最后共同完成一首歌的演唱。在一支乐团中，所有人只有齐心协力，才能将一首首交响乐完美地呈现出来。竞争的结果是少数人赢，大部分人输，而合作能将事情做好，最后大多数人受益。尽管竞争的获利者很少，但是对于音乐表演来说，仍然充满了激烈的竞争。音乐教育领域既要有竞争，又要有合作。音乐教育可以锻炼受教育者的创造力。在接受了严格的音乐体系学习之后，受教育者首先会获得丰富的音乐知识与体验，也就是心理学家所说的创作行为的前创阶段，接着对这种认识和体验进行筛选、梳理、整合，在融合的过程中，通过发散的思维感悟，不断产生新的观念和新的产品，从而进入创新的发展阶段，最终将个人的创新与社会的需要相结合，创作出独特而为大众所认可的新产品，进入创造的协同阶段。例如，作曲家创作一首新曲子，就如同作家创作一本书，也是一种创造的过程，可以培养作曲家的创造性人格。另外，受教育者创造出的新产品，其艺术价值并非表现在其自身，而在于它是否能够变成另外一个莫扎特、贝多芬。在音乐教育中，启发犹如泉水般奔涌不息，能让受教育者保持自信。正如美国学者纳丁盖所说，在一个集体中，尤其是那些在校园中学习过的人和那些懂得演奏某种音乐的人，往往会保持高度自信。在学习音乐时，受教育者的经历表明，技能的掌握程度愈高，自信心愈高。如果儿童在小时候学习音乐，那么他的阅读能力和数学能力也会有很大的提升。音乐教育可以提升受教育者和教育者的领导能力。最近几年，关于领导能力的研究不断升温，从社会心理学的角度来看，领导能力也是完美人格中不可或缺的一部分。在音乐教育中，竞争和合作可以激发受教育者的领导能力。比如，一个乐队的指挥永远都比乐队成员的音乐能力高。音乐教育在培养音乐教育工作者时，实际上也是在训练他们的领导能力，让教育者可以敏锐地抓住受教育者的需要与情感，这样才能让音乐教育取得更大的成就。同时，音乐教育者的音乐能力一定高于受教育者的音乐能力，这样才能成为一个音乐团队的领导者。总之，在培养受教育者的竞争和合作能力、培养受教育者的创造力、保持受教育者的自信心、增强受教育者的领导能力等方面，音乐教育都会显示教育的社会价值。

## 三、改善和促进语言能力的发展

现代神经学音乐治疗（Neurologic Music Therapy，简称 NMT）研究表明，音乐与语言虽然有各自的表达方式（如音乐中的音程、语言中的动词等），但却有着相同的处理机制：语音的构成能力、节奏与旋律的统计规则的能力、输入成分整合成句法结构的能力。古希腊时，柏拉图就曾说过，音乐具有提升人们精神的效果，是因为它们和那些有名的演讲者音调很像。后来，达尔文又提出，在现代，语言与音乐的交流方式是人与人交流能力的起源。这种推断性思考一直延续到近代。直到现在，关于这一问题的研究已经发生了很大的转变，越来越多的学者开始采用新的理念和新的研究方式，从猜测、类推走向了实验验证。由于它们存在着相同的处理机制，因此，通过音乐教育来开发人脑中的音乐处理功能，对语言的发展也会起到一定的促进作用。这项研究也证实了"失歌症"（患者大脑左半球颞叶前部病变）是一种由于脑部受到伤害而丧失了音乐技巧的症状。失歌症和失语症是一种对应关系，患失语症的人常会失去对音乐的表达能力。另一种是威廉姆斯综合征，它是基因缺失导致的，患者会丧失认知能力，这些患者往往具有较强的语言和音乐技能。研究结果表明，音乐与语言具有同样的处理机制，并且在脑部占据着同样的区域。即使这样，也有一些学者认为，通过对音乐与语言的比较，说明音乐是一种进化适应器。综上所述，音乐在人类的语言发展中起到了一种正面的促进作用，所以自古以来各个国家就倡导音乐教育。从今天的神经学音乐治疗角度来看，这个观点是十分科学的。在人们的头脑中，音乐与语言具有相同的作用，它们互相影响，通过音乐来促进语言的发展，通过音乐教育教学活动提高受教育者的语言水平。在这一过程中，音乐教育担负起了促进人类进化发展的特殊使命。

## 四、能够继承人类文明

教育家认为，音乐教育就是要把一代又一代的人类文明通过教育者一代又一代地传承下去。它与哲学、文学和数学具有同等的历史价值和社会价值。有记载的音乐书籍数不胜数，而音乐教育不仅仅是为了让学生们学会音乐，更重要的是将人类文明传承给下一代。德国著名的音乐教育家卡尔·奥尔夫创立了一套完整的音乐教育系统，其目的在于引导受教育者尤其是青少年儿童，以最自然的方法去学习音乐，从最原始的角度对音乐进行研究，让学习音乐成为一件很自然的事情。他的巨大成就得到了广泛的认可。音乐教育可以传承文明，也可以传播文化。作为今人，则应当把音乐教育视为一种传承的事业，继承过去，针对现在，决定将来。这就是说，既要发扬人类优秀的思想传统，也要把着眼点首先集中于我们当今的现实。

文化主体意识的产生，必须与社会的发展以及各文化主体自身的意识、行为、形式等方面的发展与继承密切相关。文化的本质内涵是"人类化"，它是指通过符号对人的价值观进行传递，包含对外部的文化产物的创造与人自身心智的塑造。音乐艺术是主观与客观、具象与抽象、内容与形式、感性与理性的结合，以音乐的旋律在时间中展开的艺术，但是，如果没有文化的主体意识，音乐就不可能成为一种文化。主体意识（包含个人和集体意识）处于文化的核心地位，与文化现象的性质有关。在社会的发展中，不同的文化都在把自身的文化实质人类化，也把自己的价值观客观化。在这个过程中，形成了具有强烈个体性的主观自觉。音乐文化自身是人的行为对象的产物，它不仅包含着人们在其行为中所表现出来的主观力量与才能，还包含着不同类型、体系风格、特征等的"外化过程"所产生的各类音乐的物质产物，并在其实践中持续地"人类化"。在此基础上，音乐文化实现其"内化过程"，也就是在其创作的实践中，对其进行持续的塑造。"外化过程"与"内化过程"相互渗透、相互推动，最终推动音乐文化的发展。在音乐教育活动中建立起一种文化的主体意识，就是要确定和筛选人的意识。音乐文化是一种特殊的文化形式，它有着自己独特的意识方式、独特的符号系统和独特的表现形式。音乐文化这种独特的表达形式，能够体现文化主体的历史情感积累，也是在某种生存条件下的一种心理折射。因此，在确定与选取音乐教育的文化主体性时，既不能离开特定的符号系统、语言系统，也不能离开特定的行为表现形式和独特的认知方式。这不但是一种音乐文化的存在与发展的内在规律，也是一种完整的文化体系发展的规律。音乐是具有文化生命的，对音乐主体意象的理解是音乐教育的重点。在人类的发展历程中，文化传统有着自己的演变过程，而这个演变的动力主要是由内在与外在两个因素决定的，内在的原因是人的主观性，外在的原因是环境因素。一个文化传统本身是无法自我改造的，在实施音乐教育时，教育者不仅要重视主体意识在其发展过程中所起到的积极作用与创造性作用，也要重视客观因素（外部文化）所产生的变革。在这些客观条件的作用下，文化传统的变化既依赖于其本身有无可转化的成分，也依赖于其发展的需求。音乐教育是一种美育，它通过实践的方式实现对人类艺术活动形式的理解与认识。音乐教育重视独创性和独立性，属于人类文化创作的范畴。在营造文化环境方面，音乐和音乐教育一直占据着非常关键的位置。因为文化是人类社会缔造者获得的能力与形成的习惯，如知识、艺术、道德等。世界各国和各民族之间的文化交流，使得人们已经不能再满足单一的艺术形象。音乐教育树立包容的审美心理、开放的文化意识。所以，原本包含了艺术的现代音乐教育，已经作为一种传承人类文化的工具，不再被限制在一个狭窄的、封闭的文化领域，而在不断地超越、升华和扩展。

## 五、使音乐成为现代使用工具

新的时代，随着影视、计算机的出现，人类的生活方式发生了翻天覆地的变化。在此基础上，音乐也具有了空前的功能。随着网络的普及、大数据和传媒时代的出现，人类的发展产生了空前的社会产品。在某些工厂或其他工作场合，音乐成为影响工作的行为。美国学者穆扎克的研究资料显示，音乐能提升生产力、转变工作态度、减少旷工现象。此外，传媒时代，音乐无处不在。伴随着有声电影电视的出现，产生了一种新的音乐行业——影视配乐。在广告中，音乐也发挥了很大的作用。与此同时，医学领域可以通过音乐进行疾病治疗，出现了音乐医学、表演艺术医学，音乐已经被当成一种医疗方法来研究和使用。音乐与音乐教育是一种实用性的工具，在对人类文明成果的传承上已向前迈进了一大步，它们已经成为现代社会的一种实用手段和工具。在这种媒体环境下，科技时代的音乐教育也产生了许多新兴的学科，如音乐医学学科、电子音乐学科、数字媒体艺术、音乐及传媒等。

## 六、审美价值

好的音乐是对人类心灵和情感的提升与升华，通过富有创意的音乐表现出来，是真、善、美的完美融合。音乐教育可以提高人的品德、理智感、审美能力。在现代社会中，音乐教育可以增强人的美感，发挥提高审美能力的作用。理想的音乐之美，是一种形式和一种内容的高度结合，它是一种对美的情感和灵魂的表达。从审美角度看，美感主要包括两种，一种是愉快的体验，另一种是倾向性体验。对美好事物的渴求，常常是人类生命的动力。审美教育需要培养人们认识美和创造美的能力，提高人们的美感。提升审美层次，也是现代人自身素质提升的重要方面。比如，令人心情舒畅、心胸开阔的自然山水美，能够激起人们对人生和理想的追求，而音乐引起的美感，会引发人们对生命的思索，感悟人生的根源。音乐教育产生的审美体验，可以让人们的心灵世界变得更加丰富、更加积极，这也是人们自身修养的一个主要方面。从这一点可以看出，音乐教育的审美价值还是非常重要的。音乐审美教育可以使受教育者得到直观、明确的关怀，激励与升华受教育者的情感，增强其对是非、善恶、美丑等进行审美评判的能力，运用形象思维，通过情感共鸣，寓教于乐。通过一度、二度、三度创作，音乐主体与对象之间的情感逐渐交流和交融，使得主体与对象在不知不觉中受到其思想内核的影响。这是其他的德育、智育和体育所不能企及的。由此可见，音乐教育是实施审美教育的一种主要途径，它能启迪人们的智慧，陶冶人们的情操，培育创新型人才。

音乐教育是实现审美教育的一种主要方式，它在德、智、体方面都具有十分重要的作用。在经历了漫长而艰辛的摸索之后，我们才真正意识到，音乐教育可以提升国民素质。从当前的音乐教育来看，"终身教育"已经得到了广泛的认同，现代的音乐教育不仅限于青少年时期，而是延伸到了人生的各个阶段。在婴儿时期，人们可以开展音乐胎教，在老年时期，音乐教育可以充实人们的休闲生活、满足人们的心灵需求。"活到老，学到老"从来没有如此积极而紧迫地渗透在人们的日常生活之中。从音乐教育的角度来看，传统的音乐教育运用现代化的科技手段，使学校教育、家庭教育与社会教育逐渐融为一体。在正规的学校音乐教育之外，还有形式多样的教育形式，如学历教育、非学历教育、职业训练等。在现代传播的高速发展下，我国实现了远程教育，如中央音乐学院、中国音乐学院等知名音乐学院编写的各类教材、演示教材光碟已在国内发售。人们可以通过购买教材或光碟来接受音乐教育，虽然这种途径并不能取代正规的音乐教育，但是至少可以让人们在家里聆听到大师的音乐和教导。此外，各类音乐音像材料也前所未有地丰富，古典的、现代的、流行的，不管是什么样式的唱片，人人都能轻易得到。音乐音像材料就像是超级市场里陈列的商品，人们都能从网络上找到适合自己的音乐音像材料。在音乐教育手段上，我国改变了以往只有教师讲课、学生听、老师带学生练习等简单的方式，运用了现代音乐多媒体等科学技术，让教学方式变得更加多元化，这极大地提高了我们的音乐教育方式。我国传统的音乐教育以教学手段为主，青少年是教育的主体，即对学生来说，重视规范化和标准化。站在现代教育的立场上，以教材和教师为中心的课堂教学，虽然突出了人的集体适应能力，但忽略了人的个性与创造力。现代的音乐教育是面向全世界的，要使它的价值能够体现，就必须在内容和模式上进行改革和扩展。21 世纪是一个知识爆炸式发展的时代，通信技术可以在短时间内把世界上最先进的信息传送到全球任何一个地方，知识的增长之快超乎想象，对于一般人来说，在海量的信息面前成为百事通几乎是不可能的事情。以学生为载体，只注重传授、灌输大量的知识的传统教学方式，显然已不能满足时代发展的需要，而且随着时间的推移，陈旧的知识也在不断地更新。现代音乐教育对于发展受教育者的和谐人格、创造力、丰富情感、艺术想象能力等具有重要意义。在培养受教育者的灵活性、观察力、反应速度、整体协调性等多个层面，现代音乐教育显示了其区别于传统教育的价值观。现代音乐教育的教学模式采取了一种开放式、多元化的方法，受教育者音乐学习的乐趣都是由教育的对象来决定的，音乐教育要以学生为中心，挖掘学生的个体潜力，注重学生在学习中的成长，使学生获得知识的新鲜感和获得的成就感。

# 第三节 音乐教育体系

## 一、达尔克罗兹音乐教育体系

埃米尔·雅克 - 达尔克罗兹（1865—1950），瑞士著名的音乐教育家和作曲家，开创了 20 世纪早期音乐教育的第一个系统，这个体系的核心是"体态律动"。达尔克罗兹的音乐教育理论由三大板块构成，分别是体态律动、视唱练耳和即兴创作。其中，体态律动是关键要素，而视唱练耳、即兴创作等创造行为又与体态律动这个关键要素密切相关。

### （一）体态律动

体态律动的教学就是从音乐自身出发，让学习者首先听歌，然后引领学习者用肢体动作去接触音乐不同的要素。体态律动训练是将身体转变为一种可以了解音乐需求，并能诠释和表达音乐的乐器。体态律动的教学目标是培养学习者对音乐节奏的直觉本能、对音乐蕴含的情感的感受与表现、对动作的平衡感，同时养成良好的、有规律的运动神经习惯和良好的心态。体态律动为音乐教育开辟了一条崭新的道路。

### （二）视唱练耳

达尔克罗兹教学法在实施过程中建议，儿童的音乐教育应强化最基础的音乐体验与能力的培养，也就是初级的节奏能力与音调能力的培养。初级的节奏能力就是在不使用乐谱的前提下，儿童仍能维持稳定的节拍律动，甚至在速度变化下，也能维持稳定、均匀的节拍。初级的音调能力就是在无任何乐器的情况下，儿童一次就能把一个调子准确地唱出来，并能唱准各种音高（各种调子）。上述两个方面的能力，大部分的儿童都不是平衡发展的，也会有不同的侧重点。只有让儿童经常接触音乐，才能逐步达到两个方面的全面发展。

### （三）即兴创作

达尔克罗兹在提出一套关于体态律动理论之后，并没有停止理论创新，他持续地对这个教学方法进行全面的探索，并且在前两种训练（体态律动、视唱练耳）中增加了对音乐的即兴创作。即兴创作是对作品进行即时评判（听觉分析、想象）的一种具有创造性的音乐行为。在进行即兴创作或演奏的时候，创作者或演奏者除了要具备良好的音乐素养外，更要具备流畅的音乐思维，并对音乐的音调、节奏和音色进行把握和适当处理。在某些方面，任何音乐演奏都要求具有一定的即兴性。达尔克罗兹认为，人的创作是建立在身体节奏感与音响听觉感之上的，因此，音乐即兴创作必须建立在体态律动学基础之上。在此过程中，唯有即兴创作的方式和对体态律动与视唱练耳能力的培养，才能实现音乐—情感—身体的有效交流。这就是达尔克罗兹的三个主要的教学环节。

达尔克罗兹指出，在传统的音乐教育中，对于音乐不同的因素之间的内在关系的认识是不正确的。我们应该在教学中注重各种音乐因素的有机整合，也就是以体态律动、视唱练耳、即兴创作为手段的螺旋式向上发展。实践表明，参与此类学习的学生能够感受到一种愉快的氛围，并从中获得愉悦感。这不仅是一种社交游戏，更是一种对艺术的追求。这样的艺术行为，让学习者能更深刻地体会到艺术作品所具有的那种令人震惊的能量与情感。达尔克罗兹很早就认识到了教师的重要性，他认为，仅有的教学方法根本无法实现他想要的效果。所以，他提出一个完美的音乐教师必须是一位心理学家、一位生理学家、一位艺术家。在教师的指导下，学习者才能获得音乐教育带来的益处，过上丰富且充实的人生。

## 二、柯达伊音乐教育体系

柯达伊·佐尔坦（1882—1967），20世纪匈牙利著名的民族音乐理论家和音乐教育家，在世界享有较高声誉。柯达伊教学法是当今世界非常具有影响力的教育体系之一，它的基本教育手段和内容是：（1）在音乐教学中，民族音乐占据着非常重要的位置。（2）音乐教育的主要手段是歌唱。（3）以音调唱名体系来培养音乐能力。

20世纪20年代初，柯达伊音乐教育理念开始形成。当时的匈牙利民族音乐正濒临消亡，在此期间，音乐教育也处于极度衰落的状态。柯达伊怀着具有民族情怀的音乐家的勇气，致力于挽救匈牙利民族音乐的传统，建立匈牙利的音乐教育体系。他通过对国内外各种音乐教法的学习，将匈牙利的国情、民情以及民族音乐的特色相融合，提出了一套独特的音乐教育理念与教育体系。柯达伊音乐教育理念在匈牙利民族音乐教育的实践中得到了进一步的发展和完善，并成为20世纪中期匈牙利民族音乐教育的理论基础和基本原则。他的音乐教育理念主要有民族音乐教育观、合唱教学思想、音乐教学论等。柯达伊的音乐教育思想是一套完整而系统的理论体系，它的许多观点对我们都有很大的启发作用，特别是他立足于现实的教学理念，但是受其所处时期和环境所制约，他的教育理念也难免有缺陷。例如，在教学材料的编制和教学内容的制定上，过分强调对音乐知识的固定化和模式化，这在某种意义上制约了教师的积极性，也制约了学生的创造性思维的培养。另外，在课程内容上，以视唱和合唱为主，内容较为单调，不利于培养学生的综合素质。所以，我们不能一味地模仿和照搬，要采取"先钻进去，再走出来"的方针。"钻进去"就是深入了解，去其糟粕，取其精华；"走出来"则是立足于中国的实际情况，对其进行适当的取舍，创造符合中国国情的音乐教育。

柯达伊音乐教育系统的产生与发展经历了两个时期：第一个时期是 20 世纪 20 年代初期。从 1925 年开始，柯达伊通过一系列文章和演讲阐述了其对儿童音乐教育的主要思想，并对其进行了深入的研究。他把更多的精力放在了对儿童的情感教育和审美教育上，创作了一些音乐阅读与写作材料以及合唱作品，促进了儿童的音乐教育改革，促进了合唱的发展。从 1930 年起，匈牙利开始了一场名为"歌唱的青年"的大型合唱活动，这一活动引领了匈牙利的合唱艺术的改革，促进了学校音乐教育的普及。柯达伊的音乐教育体系使原本以歌唱为主的教学方式上升到了一个全新的水平。20 世纪 50 年代以后，柯达伊音乐教育体系在匈牙利政府的大力扶持与推动下，短短数十年内，就在匈牙利国内产生了无与伦比的影响，匈牙利也因此跻身于世界最先进的音乐教育强国之列。

### （一）柯达伊音乐教育体系的教育理念

柯达伊认为，音乐和任何一种教育同等重要，它是一种信息，是一种文化。音乐是幼儿生活中不可或缺的部分，它对幼儿的发展有很大的影响力。教育者要教会幼儿听音乐，教会幼儿辨别音乐好坏的方法。音乐可以使幼儿的思想、动作、生理等各方面得到改变，提升幼儿处理事情的能力，对幼儿的身心健康、情感和肢体语言发展都有一定的促进作用。同时，音乐还可以锻炼幼儿的专注力、协调能力，增强幼儿的团队意识、合作精神和沟通能力。同时，音乐中的情感可以陶冶幼儿的情操，锻炼幼儿的听力、音色，让幼儿了解音乐。音乐的节奏可以锻炼幼儿的专注力和身体的协调能力。

### （二）柯达伊音乐教育体系的特点

身为教育者，如何向学生传授音乐艺术？答案无疑就是教给学生最好的音乐。教师的职责在于甄选最高品质的音乐，自始至终引导学生形成正确的审美观。柯达伊主张通过讲授民族歌曲，让学生了解并掌握自己国家的音乐，选择有价值的音乐。因此，民族歌曲在柯达伊的教学内容中占据核心地位。他深信，民族歌曲蕴含着丰富的内涵：它们源于生活，反映了各时期民众的生活状况，并广泛流传于整个国家。每首歌都具备完整结构，教师借此讲授结构、节奏等基础知识，为后续学习古典音乐风格奠定基础。歌词与旋律的完美融合，使得它们易于理解和演唱。柯达伊强调，如同学习母语一样，学习音乐也是至关重要的。自 1905 年起，柯达伊便致力于搜集匈牙利的民间音乐。直至 1910 年，他系统地整理了匈牙利珍贵音乐遗产，使之得以延续传承。他不仅重新挖掘并呈现了一个在欧洲生活了千百年的亚洲民族的心灵之声，还展示了民族文化与全球文化交流的深度交融。尽管柯达伊并不排除外国民歌，但他强调优先使用本国语言演唱本国歌曲，且必须从精选的优质作品开始，学生只有在熟悉了这些之后，才能转到其他国家的民族曲调，如果可能，他们应该使用原本的语言，因为这会有助于学习这些民族曲调，并且能通过语言洞悉有关民族的特点。

## （三）柯达伊音乐教育体系的教学手法

### 1. 首调体系

首调体系不仅可以让幼儿对音程关系有一个非常清楚的认识，而且可以任意转换调，运用一个定调或者一个音名，让其把所处的音调精确地唱出来。对于幼儿而言，使用音调唱法还是比较容易的。

### 2. 手势

这是一种辅助的方法，它能让幼儿直观地看见所唱音的位置。

### 3. 节奏名帮助法

节奏名帮助法可以让幼儿在说节奏的时候了解每个节奏之间的差异。

### 4. 字母谱

字母谱是幼儿初学音乐时很好的一种补充。五线谱的学习是一项需要很长时间才能完成的任务。利用字母谱，可以让幼儿首先学会七个音的唱法，这是相对容易的，然后逐步由字母谱向五线谱过渡。

### 5. 固定音名唱法

幼儿在基本掌握首调唱法后逐步向固定音名唱法发展。

6．复调练习

复调练习可以训练幼儿的听觉、音准、音程感觉及注意力。

7．乐器使用

教师在上课时尽可能地不使用乐器，若使用钢琴，可以利用二声部来检查音准，并且通过这种方式进行听觉训练。

## （四）柯达伊音乐教育观

### 1．全民音乐教育观

柯达伊全民国民音乐观的中心思想是，音乐是一种人们不可替代的精神食粮，没有它的人将会患上精神贫血症；没有音乐，就不算是健康的生命，唯有音乐，才能焕发心灵的光辉。由于音乐对于生命的重要作用，柯达伊主张音乐不能只为个别人所有，而应归每一个人所有。达到这一崇高目标的最好的方法就是让所有人都能享受到音乐，普及全民音乐教育。20世纪初期，奥地利对匈牙利的殖民政策及第一次世界大战的失败，使其国内的经济和文化都相当滞后，音乐领域也是如此。在民族音乐日渐衰败的状况下，具有强烈爱国情怀、民族精神的柯达伊深刻地认识到，要想扭转民族音乐的颓势，提升国民音乐水平，提升国民整体文化素养，发展匈牙利文化，就需要全民接受正规的音乐教育，把音乐教育纳入各个层次的学校教学，把音乐课融入学校的课程教学之中。音乐教育在学校的地位比音乐自身还要重要，音乐受众的培养就是培养一个社会。柯达伊提出的全民音乐观具有广义和深层次的内涵，它立足于人的生活本体需求，是与人类文化的发展和社会的发展相联系而产生的哲理思考，其社会意义已经超越了普通的音乐教育范畴。以柯达伊为主导理念构建起来的全民音乐教育体系是一种名副其实的大众音乐普及教育，强调对全民音乐素养的培养。在匈牙利，不管是将来成为音乐家，还是一般的观众，他们从小学开始接受的音乐教育都是相同的。在这种背景下，匈牙利人的音乐素质普遍很高，这也是匈牙利复兴所必需的大众环境。

### 2．民族音乐教育观

柯达伊的音乐教育体系最显著的特点就是学校音乐教育是以民族音乐为基

础的，这也是其最精髓的部分。只有把民族音乐纳入学校的教学之中，才能使弘扬民族音乐文化得到更大的发展。在德、奥两国殖民背景的影响下，即使是在马扎尔人血统的灵魂中，匈牙利音乐也被外来的音乐所掩盖了。柯达伊为拯救濒临灭绝的匈牙利民族音乐，走上了一条行之有效的道路——幼儿音乐教育。幼儿是国家的明天，也是国家的希望，因此，学校的音乐教育要让幼儿在很小的时候就逐步认识、喜爱自己的民族音乐，并且把它作为终生的爱好。这既是积累民族语言与建构民族思维的过程，也是增强民族意识的过程。经过这样的音乐教育历程，匈牙利的孩子们将会以复兴与发展本民族音乐文化为自己义不容辞的职责，做出自己的一份努力。民间音乐是培养艺术审美情趣的来源，柯达伊相信，民间音乐是一个国家的产物，它是经过数千年的发展而形成的一门艺术，具有丰富的价值，是完美的艺术。所以，这个历经岁月考验，被历代人民千锤百炼、精雕细琢的优质的民族音乐作品，是引领幼儿走进音乐世界、滋润他们心灵的最佳素材。为了使匈牙利的音乐教育能够切实地传承本国民族文化，作为匈牙利音乐教育领域的领军人物的柯达伊进行了许多研究。可以说，正是柯达伊拯救了濒危的匈牙利民歌，改变了匈牙利人民对自己国家的音乐和文化的偏见与无知，使得匈牙利民间音乐这一传统的艺术瑰宝重现辉煌。

### 3．早期音乐教育观

柯达伊非常重视幼儿的早期音乐教育。1941 年，他出版《音乐在幼儿园》一书，指出，现代心理研究证明，3～7 岁是学习的最关键时期，这个年龄段被忽视了，以后就很难挽回了。幼儿园是教育非常重要的起点。就音乐教育来说，幼儿在幼儿园接受的早期音乐教育，可以让他们得到初步的音乐体验，激发他们的音乐学习兴趣，培养他们自然、健康的音乐情感，这为将来的音乐能力的发展奠定了坚实的基础，同时对于推动幼儿的个体社会化进程也是十分有益的。由于幼儿园给幼儿创造了一个具有集体适应的社会化的氛围，因此集体的音乐能够培养幼儿的团队意识和公众意识，这些优良品质不仅是幼儿自身的财富，更是国家和社会对未来国民最根本的要求。

### 4．提倡歌唱

由于匈牙利存在着经济落后、人民贫穷的实际情况，普通的匈牙利民众买不起那些价格高昂的乐器，因此，这种音乐文化很难进入民众的生活。正是在这样的情况下，柯达伊意识到，每个人都有天生的"乐器"——歌喉，应把歌唱作为一种人人参与的音乐实践，真正落实人人皆可学音乐的目标，从而普及音乐教育。歌喉是最优美、最自然、最富有表情的一种乐器，歌唱是最能表现情感、最能打动观众的一种音乐形式。为此，柯达伊提出了以演唱为主要内容的音乐教育。柯达伊不仅强调演唱，而且特别强调合唱，因为它不仅可以让更多的人了解到那些优秀的音乐作品，它的社交功能也是其他艺术无法相比的。除了合唱外，还有什么是最好的社会团结标志呢？社会团结标志是很多人聚在一起，完成了一个人无法完成的任务，大家的任务都是一样的，只要有一个人犯了错，就可能导致任务失败。歌唱活动为了达到和谐、完善的艺术效果而达到一致的意愿，人与人之间相互协作，从而培养集体意识与合作精神。集体合唱中的纪律意识并非外在压力所致，而是由人的自我意识所决定的。就个体来说，以集体的方式进行的合唱可以形成互相帮助的友情，同时，由合唱营造出的和谐、崇高、壮观的气氛及氛围还可以使人们的灵魂得到洗涤，心灵得到净化。在柯达伊的提倡之下，匈牙利各地开始了大规模的合唱活动，从而使匈牙利成了"合唱之国"。

5．将专业音乐教育与普通音乐教育相融合

匈牙利专业音乐家对普通音乐教育没有足够的关注，这也是学校音乐教育变成一片荒芜的地方的原因。音乐家觉得关注一所普通学校的音乐教育是一件不值得的事。我们可以看到，匈牙利的专业音乐教育与普通音乐教育有很大的矛盾和冲突，这不仅源于其长期被外来的殖民文化所占据，更与社会阶层的不平等意识有关。为了使匈牙利的文化更快地达到更高的层次，他需要动员一切可以动员的人和最大的能力去合作完成。因此，柯达伊身体力行，他抛弃了很多专业的创作计划，专为幼儿创作合唱作品、视唱教材，包括两种不同音级的幼儿歌曲。榜样的作用是很大的，随着柯达伊的活动影响越来越大，更多的音乐家开始为幼儿创作优秀的作品，举办音乐会等活动，使专业音乐界对学校音乐教育形成了一种关怀与支持的氛围。这不仅能够提升普通学校音乐教育教学的质量，也让匈牙利人民能够依靠自身优质的音乐教育资源，培育出更多具备音乐潜能与才能的幼儿，进一步充实匈牙利的专业音乐人才储备，从根本上扭转专业音乐家的培养主要由外国人主导的局面。

### 6. 科学的教学方法论

柯达伊提出的幼儿园音乐教学法主要是以歌唱活动为重要教学内容，以优秀的音乐，特别是本民族的优秀音乐为重要教材，以"儿童自然发展法"作为课程进度安排的主要依据，强调乐谱读写能力的培养。由此可见，柯达伊推崇的教育理念是直觉、乐趣、感性、实践与体验的融合，这种方法论适应了幼儿的认知规律、身心特点和接受能力。在音乐教学实践中，柯达伊运用了字母谱、节奏读法、科尔文手势等生动、直观且易于幼儿掌握的方法。此外，他遵循幼儿的自然成长规律，按照他们在不同成长阶段的生理和心理发展编排音乐教学内容，确保每个阶段的课程都能成为吸引幼儿积极参与的富有教育意义的音乐活动。柯达伊音乐教育体系以柯达伊音乐教育理念和理论为基础，对匈牙利的国民音乐教育产生了深远影响，培养了一大批具有深厚音乐素养和民族音乐热情的高素质公民，音乐成了匈牙利人民生活中的精神支柱。同时，这一教学模式也为其他国家寻找符合本土特色和民族音乐教育的道路树立了榜样。柯达伊提出的以民族音乐为核心的音乐教育教学理念，有助于我国将丰富的民族民间音乐融入学校音乐教育之中，改善当前青少年对传统音乐文化了解不足的情况，传承民族音乐文化。鉴于我国农村和经济欠发达地区的实际情况，很难投入大量资金购买器乐，所以歌唱依然是这部分地区音乐教育的主要形式，这也是借鉴柯达伊方法的实际意义。不过，我们在引入柯达伊音乐教育体系时，不应盲目复制，也不应仅停留在表面模仿上，而应在深刻理解其理念的基础上，结合自身国情，灵活地选择和创新应用，以充分发挥其价值，推动我国音乐教育的改革与进步。

## 三、奥尔夫音乐教育体系

卡尔·奥尔夫（1895—1982），德国著名的作曲家、音乐教育家，创立了世界上非常具有创造力的音乐教育体系——奥尔夫音乐教育体系。奥尔夫将创造力称作他的教育理念的灵魂，并为挖掘、发展人类生而具有的探索、创造精神创立了一套科学而丰富多彩的教学方法。

### （一）奥尔夫音乐教育理念

（1）奥尔夫的童年充满了音乐、诗歌、文学、戏剧的熏陶，这也为他日后的音乐戏剧和舞台音乐奠定了坚实的基础。"节奏"是他在音乐中最突出的表现。融语言、动作和音乐为一体的最核心的要素就是节奏。入门奥尔夫教学首先要进行节奏训练，这也是奥尔夫教学内容的基础。作为一个伟大的音乐家，他最重要的贡献就是在音乐剧方面创造了一种融音乐、舞蹈（动作）、戏剧为一体的音乐剧。正是这种创造使音乐课突破了单纯的唱歌课或器乐课形式，形成了舞蹈、奏、唱、说融为一体的教学形式。奥尔夫教育理念得到了世界各国音乐教育界及爱乐者的一致肯定与推崇。1950—1954 年，奥尔夫的五本《学校音乐教材》出版后，立即引起了各国注意，短期内就有 18 种语言的版本问世。教材自始至终贯穿了奥尔夫的教育思想，即音乐是为孩子的，并且能唤起孩子们创造的本能，满足孩子们的自发需要。这套教材不仅是为幼儿音乐教育所用，也是奥尔夫整个音乐教育思想的结晶，是奥尔夫音乐风格的基础。1962 年，奥尔夫到日本传播奥尔夫教学法，拉开了世界传播的序幕。1963—1973 年，奥尔夫与医生、心理学家、特殊教育家研究残障音乐教育，这使得奥尔夫的音乐教育体系在新的教育学科——音乐疗法有了新的作用，但是奥尔夫最主要的目的是将这种音乐教育推广到学校。奥尔夫学院从 1975 年开始，每五年在奥地利萨尔斯堡举行一次奥尔夫世界大会。目前，世界各国都成立了奥尔夫教育学会，并且彼此交流。20 世纪 80 年代初，奥尔夫教育体系传入中国。

（2）奥尔夫教育理念：原本性音乐的核心概念源于基本元素、原始素材和起始阶段。原本性音乐超越了单纯的音乐范畴，与语言、动作和音乐深度融合，人们亲自参与其中，参与者不仅是观众，更是实践者，他们亲身投入，以表演者的身份全情投入其中。他认为，在音乐教育中，音乐只是手段，教育人成为"完整的人"才是目的。因此，他的音乐教育理念体现在以下几个方面：

1）以本国文化为基础和出发点，从幼儿生活中取材。

2）音乐要与动作、语言合为一体。

3）强调每一个人都是参与者、表演者，并非只是观众，要真正地去体验。

4）从幼儿出发，从最简单的开始让幼儿亲自动手去演奏音乐、创造音乐。

（3）奥尔夫教学的核心理念：真、善、美。

1）"真"：其植根于本国文化的教学实践中，汲取幼儿日常生活中的素材，使孩子们沉浸在丰富的音乐世界中，体验、理解和创造音乐，从而提升幼儿学习音乐的乐趣和效率。

2）"善"：源于孔子"有教无类"的教育平等思想，确保每个人都能有机会接触并沉浸于音乐世界，通过渐进式的教学方法增强学生的自信心，激发他们主动学习的愿望和自然的表达才能。

3）"美"：它能够激发个体的创新思维和想象力，同时在集体演奏中培养团队精神，营造和谐的环境。它整合了诗词、舞蹈、音乐、戏剧、绘画等多种艺术形式，旨在全面塑造健康的人格特质，创造丰富、美好的人生。

## （二）奥尔夫音乐教育的特点

奥尔夫音乐教育的独特之处在于它对儿童内心世界的开发与关注。在这样的教育环境中。孩子们可以将音乐视为生活的乐趣，而不是一种负担或功利，他们可以全身心地投入音乐的世界，运用肢体、语言和乐器，以他们自己的方式表达内心情感世界。音乐不再是外在的任务，而是孩子们自发的需求，这使得他们能够在表演、乐理、乐感、文化理解等方面自然而然地轻松掌握，打下扎实基础。此外，奥尔夫教育着重培养创新思维，如通过蛙鸣筒模仿夜蛙的叫声，用腕铃描绘春雨绵绵，以及通过语言和肢体动作演绎节奏。在集体表演时，孩子们如同一个小乐团，共同创造出美妙的音乐作品。这种教育方式鼓励孩子的个性发展，同时强化团队协作，也可以让家长们参与孩子的课程学习和表演的过程中，共享音乐带来的快乐，提升音乐课程的深度和广度。

奥尔夫教学法的特点如下：

个性化：它能激发每个人内在的音乐天赋，使人们展现自我价值，挖掘个人潜能，实现自我成长。

本土化：利用各国丰富的民间故事、歌曲、乐器等本土资源，让学习过程充满亲切感，有助于本土文化的传承和发展。

创造性：鼓励个体和集体的创新思维，无论是声音、语言还是音乐元素，都能够通过个人创作和团队合作实现。

循序渐进性：从最基础的音符开始，逐步引入五声音阶、七声音阶，课程设计注重逐步推进，确保孩子们在参与中不断进步，避免挫败感。

寓教于乐性：将知识、情感和理论融入游戏，使学习过程生动有趣，激发孩子们主动学习的兴趣。

全面体验性：每个活动都能亲身体验音乐的各个方面，如节奏、速度、和声等，全面理解音乐之美。

身心平衡性：遵循儿童生理和心理发展规律，促进其身心和谐发展。

社会性：通过活动培养孩子倾听、尊重、包容等社会交往技能，培养良好的人际关系和团队精神。

整合性：将音乐与其他艺术形式（如诗歌、舞蹈、戏剧、绘画等）结合，实现全方位的艺术教育。

普及性：倡导音乐教育的普适性，包括特殊人群，强调每个人都应享有接受音乐教育的权利。

### （三）奥尔夫音乐教育的应用

1. 奥尔夫音乐教育理念在幼儿音乐教育中的应用

（1）声音与语言的游戏：运用日常生活中所听到的各种声音以及语言中高低抑扬的节奏变化，做各种各样的游戏，如名字游戏、山东童谣《风来咧》。

（2）唱歌：唱歌是孩子最自然的语言，独唱、齐唱、轮唱，或者唱歌加上一些伴奏，边唱歌边做运动等，都能赋予唱歌更丰富多元的意义。

（3）乐器的运用：将人的身体当作乐器、自制乐器、打击乐器等，做各种音色的变化，节奏的组合与即兴创作或为歌曲的伴奏、器乐合奏以及戏剧的配乐等，如即兴声势模仿、给语言结构做伴奏的声势、声势卡农练习。

（4）美术的应用：听音乐画图，或者设计各种图形后，再用声音、天然乐器或乐器来演奏，为故事需求设计道具等。

（5）律动与舞蹈：肢体的即兴创作，把内心深处对音乐的感受直接以肢体的形式或舞蹈的形式表现出来，认识各国各民族的特有舞蹈也能增进对音乐的深刻理解。

（6）游戏：幼儿最喜欢玩游戏，把他们熟悉的游戏配合音乐教育会有意想不到的效果，如听音游戏、律动与游戏《握手舞》等。

（7）戏剧：由故事到编成戏剧，在角色扮演中体验不同的感受，加上音乐创作等，这种亲身体验比枯燥的说教方式有更大的效果。

（8）音乐欣赏：能够培养音乐的耳朵，提高欣赏者对大千世界的感受力、观察力，发展想象力、创造力，并提升音乐欣赏能力。

**2. 奥尔夫教学法的步骤**

（1）探究。

（2）模仿。

（3）即兴演奏。

（4）创造。

以上四个步骤不是必须按这个顺序进行，根据学生实际情况可单独练习某一环节，也可两个或三个、四个环节同时使用，还可以像打地基一样一点一点地建起来。总之，教材是死的，而教学法是活的。我们要学习的是奥尔夫教学法的理念与方法，最重要的是教师要在把握其基本原则、以学习者为出发点的基础上，以其兴趣、生活经验以及想法为导向，教师站在引导的角色，通过启发式亲身参与，激发其创造潜能，并且要不断地思考、不停地创新，才能真正地做到"寓教于乐"。奥尔夫的教育理念强调，音乐是一种无形的追求，如同每颗种子都蕴含着生机，教育则是那滋润的阳光，促使个体苗壮成长并绽放艺术的花朵。教育者的角色在于构建一个广阔的音乐世界，让孩子们在浸润于音乐的氛围中，自发地感知音乐的韵律，领略其魅力，深入研究并发挥他们的创新精神，因此，音乐教育的目标超越了单纯的音乐，其重心在于塑造全面发展的心灵。音乐教育不是天才教育，而是人人都可以接受的全民教育。

# 第二章  幼儿音乐教育概述

## 第一节  音乐与幼儿音乐教育

关于"音乐是什么""它和幼儿教育有什么关系"等问题，我们很有必要去了解。首先我们就从音乐说起，来了解一下这个在我们生活中无处不在，我们却对它知之甚少的学科。

### 一、音乐的起源

在人类文明的初期曙光中，音乐与人类的心灵共鸣早已开启。在语言尚未形成之时，人们运用声音的微妙变化，无声地交流情感和意图。音乐并非孤立的艺术领域，而是深深地植根于人类社会的土壤中，它伴随人类的诞生，甚至可以说是人类文明演进的见证。比如，声音的高低起伏、长短交错、强弱对比等元素，都是音乐的最初形态。随着原始社会生产力的提升和劳动活动的深化，劳动节奏的同步和信息传递的手段逐渐催生了音乐的雏形——集体劳动时的呐喊与庆祝丰收的击鼓。

### （一）弦乐器起源的传说

在希腊神话中，墨丘利是诸神的使者，有一天，他在尼罗河边漫步时，意外触碰到一个空龟壳，它发出了美妙的声音，这一偶然事件激发了他的灵感，他创造了弦乐器。尽管现代研究显示弦乐器的历史远早于墨丘利的故事，但这个传说无疑为发明弦乐器提供了启示。

### （二）管乐器起源的传说

相传在中国黄帝时期，音乐家伶伦游历昆仑山，利用采集的竹子制成笛子，演奏出凤凰的鸣叫声，他依此创造出音乐定律，赋予了管乐器深远的意义。虽然这只是个神话，但它揭示了音乐与早期人类劳动生活密不可分的关系，音乐是人类生活实践中的自然产物。

## 二、音乐的本质

音乐归根结底是源于生活的，它是艺术的直观体现。作为人类历史上非常悠久的艺术形式之一，既是一种文化现象，也是社会精神生活的反映。它通过有序的音响运动，创造音乐意象，传达情感和观念，深刻揭示了人类社会的内在动态。音乐的美来自对人们听觉的冲击，进而变成对人们情感的冲击；音乐的美最根本地来自人们的感受，是一种情感的感受，音乐家创造出的音乐就是人类社会生活在其脑海中的反映。音乐创作离不开音乐家对生活的感知，这反映了音乐家对现实的主观认识。音乐家对生活的感受绝不仅仅是声音的单纯模仿或是单纯的直白表达，而是经过音乐家将人类生活中的声音进行提炼、加工，加入自己对这种声音的情感触动和个人对生活的思考、理解等进行的艺术概括，再通过具体的音响形式表现出来。

## 三、音乐的特征

音乐是时间的艺术。它随着时间的进程逐渐展示音乐作品的各个组成部分，并最终为听者所感受理解。它能够在时间的流动中不断展开、发展和完善其组织结构。音乐的欣赏，从第一个音符开始，给观众展示一个连贯的音乐形象，直到最后一个音符结束，才最终提供一个完整的形象。在这个过程中，人们的情感被逐渐点燃，情感体验不断积累，情感的共鸣与联想由此激起。所以，在时间中运动的声音是时间的艺术。

音乐是情感的艺术。其魅力在于给人们一个驰骋想象的空间。一首曲子既能抒发温馨的情感，也能营造唯美的幻境。音乐欣赏的核心就是情感交互体验。这既是一个欣赏者深入挖掘音乐内在情感韵律的过程，也是个人情感与音乐所承载的情感相互渗透、产生心灵共振的过程。例如，缓慢的节奏、低沉的音区、小调的色彩等可以表现悲伤沉重的情感；而轻快的节奏、较高的音区、大调的色彩等可以表现欢快愉悦的情感。音乐的这种艺术魅力使它成为情感的艺术。

音乐是声音的艺术。音乐所运用的声音，是从自然界和社会生活中的各种声音现象反反复复地抽象、挑选出来的，并按照一定关系组织而成的一群声音序列。比如，声音的高低、长度的起伏变化、声音强弱的变化，可以构建出节奏、节拍、音区、和声等音乐的表现形式，这些音乐手法和形式映射与传递了人们丰富多样的内心世界，而且这些组织后形成的音乐作品包含了丰富的内涵，反映了一定的社会生活。

音乐是听觉的艺术。音乐中的声音的高低、长短、强弱、音色等要素，使人们必须通过听觉来感受音乐对自己情感的冲击。音乐存在的普遍基础，就是人们的听觉能力，如果人们失去了听觉能力，将无法直接感受音乐的魅力。当然，音乐不仅需要用听觉，有时还需要通过全身的感觉来感受音乐。比如，对于节拍、节奏和力度等，就不仅仅是通过听觉来感受的，但听觉是基础，是关键。所以，音乐是听觉的艺术。

音乐是表演的艺术。音乐作品不是静态的绘画作品，音乐的作品虽是一个，但每人每次的表演都是一种再创造，每个版本都别有自己的艺术价值。画家通过色彩缤纷的画布展示生活，作家通过文学符号反映社会本质，而人们欣赏音乐作品，需有乐器、歌唱家等的配合，这样才能使乐谱变成鲜活灵动的音乐形象。人们都有这样的体验：在聆听音乐的过程中，不仅注意力集中于它，而且肌肉、肢体以至循环系统、呼吸系统都会随着它而张弛。身体运动机制的活动、变化又直接作用于情感，使之兴奋、波动。所以，表演使音乐更为完整。

## 四、幼儿音乐教育的意义

幼儿音乐教育是一门综合了幼儿心理发展、音乐学习特点和学习规律以及如何在幼儿音乐活动中施教等的学科。它要从音乐的角度去看待幼儿教育是什么，也要从幼儿教育的视角去学习音乐这门学科。美育是幼儿教育的一大重要途径，而音乐又是美育的重要组成部分。美育能培养幼儿对自然界、社交、艺术作品等进行积极的审美感悟，辅助幼儿形成正确的审美观、价值观。陈鹤琴是我国著名的幼儿教育家、现代幼儿教育的奠基人，他说音乐是幼儿生活的灵魂，喜欢音乐是幼儿的天性，幼儿具有接受音乐教育的能力，接受音乐教育也是幼儿自发的要求。音乐教育的关键阶段就在于学前阶段，因此，幼儿园要更加重视音乐教育，使幼儿生活音乐化。大凡健康的幼儿，无论游戏、走路或是休息，都本能地爱唱着歌，表现出音乐的律动。因此，幼儿的生活离不开音乐。

### （一）幼儿音乐教育是对幼儿进行美育的重要手段

幼儿音乐教育就是学习审美的过程，幼儿在音乐活动中能发现美、创造美。每一首歌曲、每一支舞蹈，都给了幼儿感悟美、触摸美的机会。我国近代教育史上著名的教育家蔡元培非常关注美育问题。他最早译出"美育"一词，也就是美感教育。他认为"美育者应用美学之理论于教育，以陶冶情感为目的者也"。蔡先生的这一论断为幼儿美育教育指明了方向、奠定了基础。

例如，音乐欣赏课中，一曲《拨浪鼓》能让幼儿发现乐器、节奏组成的轻快旋律，体会与家人欢乐玩耍的喜悦心情，眼前仿佛浮现出一家人欢乐的笑脸。这首歌还能使幼儿体会家庭的重要性，唤起小朋友对"爱"的感悟、对父母长辈的敬爱、对兄弟姐妹的关爱。所以，幼儿音乐教育能够对幼儿的审美、品性、明辨是非能力发挥很好的培养作用。

## （二）幼儿音乐教育可以开发幼儿右脑潜能

人类在日常生活中依赖于语言交流，导致"语言脑"的使用频率极高，"音乐脑"的潜能却往往被忽视，这可能导致大脑左右两侧功能的失衡。人脑实际上由左右两个半球构成，左半球主导阅读、写作、逻辑思维和数学运算，称为"语言脑"，右半球则负责艺术欣赏、情感体验、创新思维和直觉感知，被誉为"音乐脑"。"音乐脑"的独特能力，如激发创新思维、联想力、直观理解、想象空间以及激发灵感，如果能得到有效的开发和利用，无疑将显著提升人类的整体智能水平。因此，对幼儿进行音乐教育，不仅是对右脑潜能的挖掘，也是促进大脑双侧功能协调的重要手段。在这一阶段，幼儿园应经常进行音乐活动，刺激右脑发育，使大脑左右半球平衡发展。因此，幼儿音乐教育对于幼儿大脑的长期健康发展具有十分重要的辅助作用。心理学家劳伦斯认为，只有当大脑右半球即"音乐脑"也充分得到利用时，这个人才最有创造力。学前阶段是大脑发育最快的时期，新鲜的信息能够刺激大脑、开发智力。

## （三）幼儿音乐教育有利于幼儿身心的健康发展

促进幼儿听觉能力和语言能力的发展。幼儿时期是幼儿听觉能力发展最快速的时期。在进行音乐活动的时候，幼儿能够辨别歌曲中的声音高低、长短、强弱、音色等，在音乐训练中提高听觉的敏锐度。同时，歌曲能扩大幼儿的词汇量，幼儿模仿歌曲，把歌曲中的词句运用到日常生活中，能够大大促进幼儿语言能力的开发。因此，音乐教育对幼儿听觉和语言能力的发展有很大的促进作用。

促进幼儿情感和个性的发展。音乐是情感的艺术，它有强大的感染力，对幼儿情感有直接的触动。它以情感人、以情动人的艺术魅力能够使幼儿更积极地感受自己的情感。同时，音乐也是极富个性的艺术，每一个作曲家的编曲、每一个演奏家的演绎、每一个观众的感受，都是独特又极富个性的，幼儿听同一首歌曲会产生各不相同的心理感受。所以，幼儿音乐教育在促进幼儿的情感和个性发展上有着独特的教育作用。

促进幼儿身体健康成长。幼儿在唱歌时会锻炼到身体的各部分器官，如鼻部、肺部等。舞蹈、音乐活动能使幼儿舒展身体，培养幼儿的身体协调能力。更重要的是，音乐可以给幼儿带来情感上的愉悦，愉快的情感会刺激神经细胞，促进血液的流动，加快新陈代谢。

促进幼儿社会属性的发展。幼儿与成人之间、幼儿与幼儿之间的音乐交往沟通，如合唱、合奏、集体舞蹈等，都会使幼儿享受到合作与和谐相处的快乐。音乐活动的重要功能之一就是促进幼儿与他人交往。把音乐作为介质，把活动作为形式平台，能够满足幼儿最根本的社会交流需求。幼儿的社会性本来就需要在与他人的沟通交往中不断建立完善的。这不仅可以增强对他人的信任，也可以提升自己的自信。

# 五、幼儿音乐教育的原则

## （一）激发幼儿对音乐的兴趣

对音乐的兴趣与爱好，是受音乐影响和音乐教育的前提。兴趣是最好的老师。这种兴趣是需要后天的影响与培养的。尽管幼儿天性喜欢音乐，但这仅仅是二者互相吸引而已。因此，我们不能忽视对这种兴趣的培养。培养幼儿对音乐的兴趣和爱好，是幼儿音乐教育的第一原则。

## （二）音乐基础知识和技能是幼儿教育的基础

儿童在掌握了基本音乐知识并拥有一定的歌唱和演奏技巧后，才能更深层次地领略和传达音乐艺术的美感。为了确保儿童能有效地参与音乐活动，学习音乐基础知识和技能是必不可少的途径，然而，传授知识和训练技能不应局限于刻板的填鸭式的教学模式，也不应以过于专业化的训练要求来对待幼儿。关键在于，要从塑造幼儿审美感知的视角出发，尊重幼儿的成长节奏。因此，通过音乐教育引导幼儿初步掌握音乐知识和技能，是幼儿音乐教育不可或缺的原则。

### （三）激发幼儿的音乐潜能

音乐能力是音乐素养的核心组成部分，它涵盖了音乐感受力、表达力和创造力。音乐感受力指的是个体对音乐作品所蕴含的情感和思想的敏锐体验。音乐表达力指的是在音乐感受的基础上，将个人对音乐的理解和感受，通过声音或身体动作生动展现的能力。音乐的创造力是指幼儿根据自己的认识，创造性地表现歌曲、舞蹈的能力。早期音乐能力的发展水平对于幼儿以后能否快乐地参加音乐活动或者能否接受更高级的音乐训练起到关键性的作用。所以，培养幼儿的音乐能力是幼儿音乐教育的又一重要原则。

# 第二节　幼儿音乐教育的基本概念

国内外学者对幼儿音乐教育的研究不断深化，意识到幼儿早期音乐教育对于幼儿终身发展具有十分重要的作用。在现代社会，一个普遍的观点是一切从娃娃抓起。幼儿的早期音乐教育是一个非常关键的时期，也是一个很好的开端。捷克教育家夸美纽斯（1592—1670）和瑞士教育家斐斯泰洛齐（1747—1827）都意识到了音乐教育的重要性。1929 年，柏林举行一次专题研讨，专门研讨"幼儿园中的音乐维护"，对幼儿园的音乐教育进行整体构想。例如，对五声性的幼儿诗歌音乐原本性的重视。孩子通过自己唱歌、身体动作、原本性乐器演奏，去发现音乐，并积极地去学习和实践。这种观念是建立在音乐具有教育意义的基础之上，通过这种教育活动来实现对音乐的研究。幼儿的天性是活跃的，他们经常会被美妙的声音所吸引，对音乐也会非常容易地接纳并投入其中，因此，音乐活动可以被灵活地融合到幼儿生活的各个环节和其他的教学活动中。音乐会很自然地流入幼儿的心中，带给幼儿一种美感，也可以让幼儿在游戏、学习等活动中感受到情感的愉悦。幼儿音乐教育可以让幼儿在音乐的陪伴下慢慢地长大，让幼儿在音乐的熏陶下学会音乐。只有让幼儿学会认识音乐，学会驾驭音乐，学会发现并感受音乐中的"美"，才能使幼儿在音乐中得到全面健康的发展。因此，幼儿音乐教育不能从教学的主体中分离出来，也不能从教学的主导中分离出来，更不能从整个社会对幼儿早期教育发展的作用中分离出来。

中共中央、国务院2010年印发的《国家中长期教育改革和发展规划纲要（2010—2020年）》将学前教育作为一项重点内容。因此，幼儿园的"学前音乐教育"就是一项具有深刻内涵的崭新的研究课题。这一现象也显示出幼儿园的音乐教育已日益受到世界各国教育界、学界的广泛关注与重视。随着对"美"的感知、体验与表达，对儿童音乐素养的培养与提升，已逐渐成为一种新的认知。

《幼儿园教育指导纲要（试行）》（以下简称《纲要》）明确提到，幼儿音乐教育并不只是一种简单的艺术培训，而是一种培养儿童情感，使其提升感受美、欣赏美、创新美的能力的活动。音乐可以让人产生一种愉悦的感受，在这种感受上，生命就会变得更加丰富多彩，幸福也会变得更加强烈。幼儿音乐教育并非单纯意义上的"启蒙"，其目的在于充实幼儿的实际生活与心灵生活，促进其认知、情感等各方面的健全发展。幼儿音乐教育是音乐艺术与幼儿教育的结合，是用音乐艺术为幼儿提供最基础的素养教育，是一种富有灵性和睿智的艺术课程，其目标并非培养音乐家、舞蹈家，而是通过丰富多彩的音乐活动培养幼儿的性格，提高幼儿的音乐素养，促进幼儿的综合发展。

幼儿音乐教育就是以幼儿能够理解和接受的音乐为艺术手段与内容，面向3～6岁的幼儿所实施的教育活动，从而提高幼儿感受美、体验美、表现美和创造美的能力。虽然上述概念指明了要以"幼儿能够理解和接受的音乐"为幼儿音乐教育的内容，但是内容的界定过于模糊、宽泛，无疑增加了幼儿教育实践工作者的操作难度。为了深入了解幼儿音乐教育的内容，我们要从其隶属的幼儿艺术教育的内容与要求说起。

教育部2001年印发的《幼儿园教育指导纲要（试行）》（以下简称《纲要》）明确规定了幼儿园艺术活动的要求和内容，具体内容如下：

促使幼儿与周围环境及生活中美好的人、物、事等接触互动，丰富他们的直观体验和审美意识，激发他们探索美、创造美的热情。

在艺术课程中，关注全体孩子的多元需求，确保每个个体都能在美的氛围中成长。对于具有艺术潜力的孩子，教师要特别注重挖掘和发展他们的创新才能。

鼓励孩子们无拘无束地通过各种艺术形式，自由表达内心的情感、理解以及独特的想象，对他们的独特审美观和表现手法给予全力的理解与支持，共享他们在创新过程中的喜悦。同时，致力于提升孩子们参与艺术活动的能力和自信，给予他们实践和展现的平台。

教导幼儿运用日常物品和废旧材料进行创新性的手工艺制作，以美化生活环境。

为孩子提供展示其作品的空间，激发他们之间的交流分享，以推动共同的进步和提升。

幼儿音乐教育也应该关注音乐学科内容与幼儿生活经验之间的契合，即以符合幼儿年龄特点、与幼儿生活经验有关以及幼儿感兴趣的音乐作品为其主要内容。不难看出，《纲要》强调了幼儿艺术活动要以"幼儿周围环境和生活中的美好的人、事、物"为主体内容，而这一要求也同样体现在《〈3～6岁儿童学习与发展指南〉解读》中：幼儿艺术教育的内容选择应关注艺术学科内容与幼儿已有生活经验的契合，选择融合深厚文化意义且适应幼儿独特生活体验、兴趣和情感的素材，重视引导幼儿去关注并领略身边的自然美景和日常生活中的美好；应特别注重接纳和鼓励幼儿的自发性、个性化创作和表达，推崇幼儿运用他们自己的艺术创作来诠释内心的想法和生活体验，使幼儿通过积极参与艺术活动来塑造积极的艺术态度；在传递幼儿音乐教育内容时，应依靠欣赏活动、韵律活动、节奏乐活动和歌唱活动四种幼儿音乐教育活动，它们既是幼儿园的集体性音乐综合艺术的主要形式，也是音乐活动和音乐区角活动等低结构活动的主要构成要素。各部分内容呈现出听、动、奏、唱等不同的音乐实际方式及各自的特点，从不同的角度、不同的形式促进幼儿音乐能力的发展；同时它们之间又是互相联系、互相融合的，往往根据具体的教学活动内容进行有机整合，共同展现音乐教育的魅力，促进幼儿全面发展。

具体来说，四种幼儿音乐教育活动内容及其作用大致可以归纳为：

### 1.幼儿音乐欣赏活动

音乐在幼儿成长过程中的启蒙价值不容忽视，它在提升幼儿沟通技能中扮演着关键角色。幼儿语言能力的成长可细分为认知理解和语言表达两个维度。专为幼儿设计的音乐教材，以其旋律的纯真与和谐，恰好契合幼儿的生理发育需求，激发他们天然的好奇心和参与欲望。音乐的魔力在于能训练幼儿对声音细微差别的辨识，强化他们的听觉敏感度。音乐欣赏活动不仅可以使幼儿接触到更多优秀的音乐作品，还可以培养幼儿的倾听习惯、锻炼幼儿的听觉敏感性。音乐欣赏是让幼儿在聆听音乐的活动中，对音乐作品进行感受、理解、分析和欣赏，从而获得审美享受的幼儿音乐活动形式。这种以感受为主的音乐活动内容相对于歌唱、韵律活动、打击乐器演奏等以表现为主的音乐活动而言，需要幼儿不仅通过听觉、身体动作，更要借助由教师提供的与音乐情感吻合的视觉材料、能够表达音乐内涵的文字材料等辅助材料，在充分感知音乐、理解音乐的基础上获得欣赏音乐带来的快乐和享受。因此，在幼儿音乐欣赏活动中，教师需要选择周围环境中的音响和经典的音乐作品作为欣赏的内容，同时在欣赏过程中为幼儿提供多种感官的刺激，一方面能够让幼儿更好地了解音乐的内涵与思想，另一方面能够为幼儿在欣赏之后的自由表达提供更多的手段和素材。

在音乐欣赏活动中，幼儿能不自觉地记住音乐的曲调、歌词和节奏，并随着音乐的节奏进行有节奏的舞动。通过这种积极的方式，对音乐的记忆力和对语言文字的记忆力都会有很大的提高。例如，幼儿已经学会了一首《小鸭子》，歌曲开始播放，幼儿就会跟着唱。童谣语言浅显易懂、语句简洁、易于理解，幼儿在学唱的过程中，自然会获得大量的词汇。音乐教育对幼儿审美能力的提升具有重要意义。从美国心理学家马斯洛的需要层次说来看，审美是一种生长性需要，它是人类较高层次的一种需要。音乐又是对幼儿进行审美教育的一种主要方式。幼儿在学习音乐时，能够有效地提升审美水平，对音乐产生浓厚的兴趣。爱好是最伟大的教师，如果幼儿拥有了对音乐的内在动力，那么他们就会终身去欣赏、去研究、去感受到音乐带来的美。在教学过程中，教师可以营造出一种让幼儿陶醉的氛围，使幼儿感到对美的向往与呼唤，从而提升其对音乐的欣赏能力。随着幼儿的欣赏能力的增强，他们也就更容易理解作品中所表达的情感。相反，幼儿对音乐的欣赏能力不强，则无法体会到其真正的含义，对其产生的爱好也只能是一时的。在幼儿时期，音乐是一种具有创造性的活动。幼儿通过音乐教育可以得到身心的松弛和充分的发展，在一种轻松愉快的学习环境中，能够更好地开发大脑，提升他们的创新能力。

幼儿正处在形象思维的发展阶段，视觉化的视觉形象对幼儿更有吸引力。随着欢乐的乐曲起舞，幼儿的想象力和创造性能得到充分的发挥。例如，幼儿在听《小火车》这首歌的时候，脑海里就会浮现出一幅火车快速行驶的画面，并且能够模拟出它的运动方式。教师指导幼儿对所要表达的内容做到自然率真。通过对幼儿的音乐感知进行培养，教师可以提高他们的想象力、创造力，从而促进他们在其他领域的发展与学习。音乐对幼儿的智力、情感等方面都有重要影响。教师通过对幼儿进行音乐教育，能使幼儿的身心得到充分的发展，并能增强左右脑的连接，在培养学生的非智力因素方面具有十分重要的作用，有助于幼儿战胜困境，并通过不懈的努力达到自己的目标。幼儿期是幼儿自控能力发展的重要阶段，但是幼儿天生喜欢玩耍和活动，所以他们的精力并不是很好。教师在教学中运用音乐游戏，能使幼儿迅速进入美好的音乐天地，在愉快的环境下有自我控制的经验，进而就可以把这种经验转移到其他的行为上。

一个人要有健全的人格，要有快乐的人生，就必须有高尚的道德情操。美妙的乐曲能使幼儿产生积极的情感体验。在这种由音乐创造出来的气氛中，幼儿更有可能表现出自己的真实情感，从而提高他们对父母、对老师、对幼儿园集体的爱。音乐欣赏一般指通过聆听音乐作品获得审美享受的音乐活动。这种感受音乐的活动是与歌唱、韵律活动、音乐表演活动、打击乐器演奏相同的幼儿音乐养成活动。幼儿需要通过参与更多的活动，来直接地感知音乐、理解音乐。这样才能从音乐中获得审美享受，同时获得相关的欣赏音乐的知识和能力。因此，在幼儿音乐教育中，音乐欣赏是指学习怎样听音乐、怎样感受音乐和怎样表现音乐效果。在这类活动中，主要教育内容有周围环境中的音响倾听和音乐的倾听。

## 2．幼儿韵律活动

在幼儿音乐教育内容中，韵律活动最受孩子们欢迎。孩子天真好动的自然属性，使得他们非常喜欢在音乐中游戏和配合动作表达情感。韵律活动主要是指通过身体在音乐伴奏下有节奏地进行律动、舞蹈来表达音乐的一种较为复杂的幼儿音乐活动形式。组织韵律活动的目的就是让孩子伴随欢快活泼或者抒情的音乐舞蹈，做出各种各样的符合音乐性质的动作，提升幼儿的节奏感及音乐表现力、创造力。对于喜欢游戏和用动作表达情感的幼儿来说，这可以体现动作与音乐之间的关系，尤其是通过动作的变化来表现音乐的韵律活动是一项非常受欢迎的幼儿音乐活动内容。但值得注意的是，首先韵律活动必须是在音乐伴奏下进行的，没有音乐伴奏的身体运动就不能被称为韵律活动。其次，韵律活动是在活动中来表现音乐的，要能够体现音乐节奏的疏密，能够跟随音乐的变化而产生及时的、相应的变化，以此为指导思想，不断提高幼儿对于音乐的节奏感、音乐表现力和创造力。

## 3．幼儿节奏乐活动

幼儿节奏乐活动是指音乐创作中有节奏地敲击乐器表演。幼儿节奏乐演奏分为两种形式，一是参与已设计的乐器曲和声乐曲演奏，二是为歌唱和韵律活动提供伴奏。打击乐活动是借助打击乐器或替代性的打击乐器，通过音色、节奏和力度的变化来表达表现音乐的活动形式。节奏乐活动是培养提升幼儿节奏感最有效的教育办法。幼儿在节奏乐活动中能够对音乐节奏（节奏、节拍、强弱等）有更直观的认识，同时能够更熟练地掌握各种乐器的音色和使用方法，提高对各种音乐表现手段的敏感性及对音色的听辨能力。

幼儿园的打击乐器主要是依靠大肌肉动作击打或碰撞而发声的乐器，对幼儿来说有趣且容易操作，所以这类活动是幼儿表达音乐的一种最自然、直接的方式，也是最能令幼儿感受到乐趣的一种音乐活动。由于幼儿园的打击乐活动大多是伴随着歌曲或者旋律器乐曲而进行的打击乐演奏活动，所以幼儿需要具备一定的打击乐器演奏的知识和技能，以及打击乐器能奏出与歌曲变化协调一致的随乐演奏的能力、个体、声部、整体三者之间合作协调的能力。因此，教师在打击乐活动中需要选择适合幼儿年龄特点的乐曲和打击乐器，与幼儿一起制定配器方案，并借助图谱引导幼儿进行打击乐活动，让幼儿能在直观、整体地感受音乐的节奏、节拍、强弱等要素变化的基础上，运用各类不同音色的乐器来表现自己对于音乐的理解，从而逐步提高幼儿的节奏感、听辨和运用音色的能力以及对各种音乐表现手段的敏感性。

### 4. 幼儿歌唱活动

幼儿歌唱活动是借助嗓音表达思想、交流情感的一种幼儿音乐活动形式，是幼儿喜闻乐见的、易于理解和接受的音乐内容，在幼儿音乐教育史上居于重要地位。每个幼儿的嗓子都是他们自己天然的乐器，所以开展歌唱活动时只要幼儿愿意，可随时随地进行，基本不会受到客观条件限制。在歌唱时幼儿应当以"声"表"情"、以"情"感人，用富有情感的歌声表达自己内心的感受。歌唱活动难免会对幼儿嗓音造型的能力提出一定的要求，如需要保持正确的歌唱姿势，合理地运用气息并借助正确的发声方法，使声音产生高低、长短等变化来表现歌曲的内容情感。因此，教师在歌唱活动中应选用适合幼儿年龄特点的幼儿歌曲，选用灵活有效的教学方法，通过生动有趣的活动形式，在使幼儿掌握歌唱技能的同时，增强他们对音乐的感受能力和理解能力，从而培养他们对歌唱活动的兴趣和爱好。

现有的幼儿音乐教育存在的问题是过于侧重音乐表演环节，却忽视了幼儿主动参与的重要性。因为诸多因素影响幼儿成长，所以评价全面发展并非易事。评价体系往往聚焦于最终成果，而非过程中的学习行为。音乐教育也不例外，评价标准常以表演能力为基础，对幼儿在音乐学习中的主动性和创新性关注不足。因此，教师在组织音乐活动时，更倾向于提升幼儿的音乐表达技巧，教学手段倾向于重复训练，而非鼓励独立探索。从中华人民共和国成立之后，我国的幼儿园教育模式受到苏联模式影响，以分科教学为主。实际上，幼儿时期各方面的成长相互关联，提倡综合性的主题教学应成为教育的核心理念，然而，音乐教育往往局限在讲授音乐技巧，割裂了音乐与其他活动的自然联系，未能遵循幼儿认知音乐、发掘音乐兴趣的心理发展路径。这样的教学方式可能会导致幼儿心理压力增大，失去对音乐活动的热情，同时过于注重练习而忽视了心理体验的价值。教育部在《幼儿园教育指导纲要（试行）》中明确指出，幼儿园教育的重点是关注幼儿积极积累的经验，而不是技能训练。当前幼儿园音乐教育过分地注重幼儿音乐技能的训练，过度地提高对幼儿音乐教育的相关要求，这样的做法不符合幼儿心理发展的特点。这就需要幼儿园管理者和幼儿园进一步明确幼儿教育目标，重视幼儿园音乐教育活动，重视音乐教育活动中的幼儿心理体验。

# 第三节　幼儿音乐教育的特点

　　音乐是以流动的音响为物质材料，依靠听觉来感知的特殊艺术。因为音乐不是抽象逻辑的产物，它可以通过想象、联想等活动，形成有情感的、有审美价值的内容。总的来讲，音乐教育都应该是生动活泼的，而这种生动活泼主要是由音乐本身的形象性和情感性决定的。在幼儿音乐教育的方法上，教育者不能仅仅注重对孩子乐器演奏能力和声音表现能力的培养，实际上这种态度反而是舍本逐末的，应该放在对孩子感知能力、欣赏能力和艺术素养的熏陶上。这样，才能发挥音乐教育的作用。

　　幼儿音乐教育不同于常识性和文学性的知识讲授，这是由音乐的独特性和幼儿的生理心理特点共同决定的。作为幼儿教育实践活动之一，幼儿音乐教育既有许多与其他年龄段音乐教育相同的属性，又体现出一些只属于这个年龄段性、整合性和技能性的特点。其理解和把握在很大程度上受制于本身认知、思维发展的水平，又依赖事物具体形象、表象。所以，在音乐活动中要引导幼儿对音乐进行充分的感受和自由的表达，就必须借助形象的方法与内容。在幼儿音乐启蒙的探索中，音乐教育的核心元素和素材选择非常重要，无论是乐器曲目还是歌唱表演，教师都可以巧妙地运用直观的艺术手法反映幼儿熟知的生活情境。这些音乐元素通过其丰富的感官体验，可以编织出如诗如画的音乐画卷，激发幼儿学习音乐的兴趣并实现教育目标，如《动物狂欢节》中变化的旋律、音乐构成了一个个可爱的动物形象，快速跳跃的声音表现了小兔活泼伶俐的音乐形象，缓慢、滞重的旋律使幼儿感受联想到大象笨重迟缓的音乐形象。在幼儿音乐教育的过程中，教师主要是通过形象化的方法调动幼儿的审美感官，引导幼儿从音乐的直观形象入手感受和理解音乐的美。

## 一、感染性

黑格尔认为，音乐用作内容的东西乃是主体的内心生活。所以音乐的目的就是把主体的内心生活显现出来。幼儿音乐教育的感染性特征也体现为其借助具有情感色彩的音乐作品带给幼儿审美感受，并由此使幼儿产生内心审美情感的共鸣。幼儿正处在由低级向高级个人情感发展的重要时期，幼儿的情感体验也趋于丰富，所以他们在聆听音乐时，会不由自主地陶醉在音乐所描绘的境界中，仿佛音乐里的艺术形象活灵活现地展现在他们的眼前，并与他们进行对话。因此，幼儿音乐教育特别强调通过富有感染力、情感性的音乐活动，引导幼儿体验音乐的情感，在逐步丰富、深刻幼儿积极情感的同时，促进幼儿情感的发展，使幼儿具备对事物的是非、善恶、美丑的初步欣赏和判断能力。音乐之所以能够触及人的内心世界并起到沟通和交流的作用，是因为其本身具有强烈的感染性。对于幼儿来说，他们追求的就是如何使自己的生活变得愉快欢乐。除非活动能自发地引发孩子们的热情，并给他们带来愉悦的感受，否则外界的劝导或强迫往往难以促使他们深度投入。同样，幼儿音乐教育作为教育手段的一种，其核心原则不容忽视，那就是音乐学习不应仅仅是理论教学，而应融入游戏元素。这意味着设计的课程不仅要包含适量的音乐游戏环节，而且要确保整个音乐活动过程本身就具备游戏化的特性，让学习在乐趣中自然展开。在幼儿进行日常音乐活动的过程中，展示出愉悦的表情和兴奋的举动，我们不难发现幼儿正是通过歌唱、韵律、音乐游戏等形式使自己天生好动的需求和社会性发展的需求得到满足、获得快乐的。在幼儿园里，我们经常能够看到一群幼儿原本端端正正地坐在小椅子上看动画片，但随着动画片里插曲的响起，他们都会不约而同地站起来，跟随着音乐节奏和旋律的变化高兴地边唱边跳，不顾人们善意的"讥笑"，只沉浸在属于他们自己的欢声笑语中。当然，强调幼儿音乐教育的游戏性，并不是说要放弃其学科教育本身的目的性、计划性，也不是说只要求快乐的过程，而不顾促进幼儿发展的结果。教育实践经验告诉我们：只要核心价值正确、方法手段得当，游戏性的音乐教育可以更好地调动幼儿参与活动的主动性和积极性，使他们更容易产生创造性的艺术表现，获得解决问题的能力和优秀的学习品质。

## 二、整合性

现代幼儿音乐教育理论认为，整合性的音乐教育活动更接近幼儿的学习特点，是帮助幼儿自然而然地进入音乐天地的一个重要条件。幼儿音乐教育的整合性主要表现在形式上的整合、过程上的整合和方法上的整合。首先，幼儿园音乐活动不仅通过集体音乐教育活动解决了大部分幼儿音乐经验的分享和提升的问题，而且通过区角音乐活动满足了个别幼儿对音乐的需要，也让人们意识到了当音乐渗透在幼儿一日生活中能够发挥更重要的作用。多种形式的整合加大了音乐在幼儿园课程中的比例，提升了幼儿对音乐的关注和兴趣。其次，根据教育部 2012 年印发的《3～6 岁儿童学习与发展指南》中艺术领域的内容来看，幼儿艺术学习和发展主要体现为感受与欣赏、表现与创造，因此教师在幼儿音乐教育活动中既要引导幼儿主动地感受和体验音乐，也要鼓励幼儿进行自由的表达和创造音乐。这种过程上的整合可以打破学科的逻辑体系，更符合幼儿学习音乐的认知规律。最后，考虑到音乐学科本身的特点、幼儿感知和理解音乐的特点，幼儿音乐教育可以通过环境创设、整体感知、问题引导、多感官参与等灵活且丰富多样的方法，更好地达到预设的教学目标。

## 三、形象性

在音乐教育活动中，幼儿通过不断的倾听和实践，能够领略音乐作品的美感，进而与音乐情感产生共鸣，从而体验到审美的快乐，使身心得到全面发展。教师设计的音乐课程应当紧密联系日常生活，挑选积极向上、生动活泼的音乐，并在教学中展现互助、关爱的美德。音乐教育可以通过艺术形式生动地触动孩子的情感，如儿歌《一分钱》，其教育内涵在于推崇幼儿的诚实行为，虽未直接言明，但活泼的旋律和童真的声音描绘了孩子拾到钱并交给警察叔叔的情景，其中叔叔点头赞许的细节正是教育的核心，教师在教学中重现这一场景，能够使幼儿理解诚实守信是中华传统美德。相较于生硬的教导，音乐教育的方式更易被幼儿接纳，使其记忆深刻。幼儿音乐教育的核心在于借助艺术歌曲的形象性，让孩子们通过音乐作品体验情感，培养审美能力。

## 四、趣味性

幼儿音乐教育具有趣味性，即娱乐性。这种特性能激发孩子对音乐的热爱，鼓励他们主动参与音乐活动。音乐的娱乐性是吸引幼儿积极参与的关键，音乐的乐趣可以引导他们在游戏中学习、玩耍中学习。将教育融入快乐的音乐活动中，以"乐"为教育幼儿的有效途径，能够使幼儿变得活泼开朗，促进其身心全面发展，满足其精神需求，同时能够提升教师德、智、体、美、劳各方面的教育水平。教师如果利用这一特性，孩子在游戏中就能愉快地获取知识，音乐教育活动就能成为美妙的音乐之旅，使幼儿在音乐的陪伴下快乐成长。环境对幼儿的成长至关重要，因此，音乐教育应结合幼儿园集体教学环境，通过环境潜移默化地塑造幼儿的音乐特质。音乐的吸引力是与生俱来的，结合学习与玩耍，只有在音乐教育过程中才能实现。这样，孩子不会视音乐为负担，反而会乐在其中。这种寓教于乐的方式，使知识更容易被孩子吸收。教师应充分利用音乐教育的这一特性，活跃课堂气氛，激发孩子的积极性。教师只是一味地讲解音乐理论或重复练习歌曲，即使是轻松的内容也会变得乏味。

## 五、技能性

任何艺术表现与创造都需要独有的形式语言将头脑中的审美心理意象或审美情感展现出来，音乐也不例外。艺术表现的效果则主要取决于艺术技能是否能够将艺术的形式语言表达清楚。音乐技能既包括音乐的要素、符号等基础音乐知识，又包括参加歌唱、韵律、打击乐、欣赏等音乐活动所需要的技能和技巧。从某种程度上说，技能的训练是发展音乐能力的前提。

## 六、综合性

综合性的音乐教育可以使幼儿能够更好地进入音乐世界中。幼儿的教育教学是有一定的规律的，若违反了幼儿教育教学的基本原理，就会对其产生负面的作用，影响幼儿身心健康发展。幼儿在生理和心理发展方面具有显著的特点，要开展幼儿音乐教育，就需要将幼儿的教育学、教育心理学的规律和特点有机地结合起来，以幼儿教育的原理和方式等为幼儿音乐教育提供理论指导。例如，在幼儿的音乐教育中，一名遵循幼儿教育原则并熟悉幼儿各个年龄阶段特征的教师如果运用合适的教学方式来讲授幼儿的音乐教育，必然能收到良好的教学效果。反之，教师如果不遵守幼儿教育原则，其音乐教学结果就不能达到理想的效果，还可能对幼儿的身心发展产生不良的影响。幼儿体育活动的综合性表现为：形式上的综合性是跳舞、唱歌、玩耍等融为一体，过程上的综合性是创作、表演、欣赏等融为一体，目标上的综合性是娱乐、学习、工作等融为一体。幼儿的音乐教育要遵循幼儿身心发展的规律，遵循幼儿教育的基本原理。幼儿音乐教育应以方法论的基础理论为指导，违背了方法论就会大大降低教学质量，而且达不到预期的目的，有的还会对幼儿造成心理和身体上的伤害。

## 七、游戏性

游戏与工作、学习最大的不同之处是游戏活动可以带来乐趣。6 岁之前的幼儿无法清楚地知道他们行为的目标和含义，他们也没有良好的计划去控制和调节他们的行为。因此，具有游戏性质的音乐活动更容易吸引幼儿主动、愉快地投入其中。当前，在幼儿园的音乐教育中，教师除了要选择适当的音乐游戏外，还要特别重视在音乐课堂中融入一些"游戏"。

## 八、完整性

人的审美行为和人的科学活动最大的不同之处在于审美活动是通过感性的、形象的方式来认识事物的。幼儿更多的是运用情感的、形象的、整体的方法去了解和感受自己与外部的世界。在学龄后期，幼儿会逐渐形成理智的、抽象的、分析的思维。所以，音乐教育要从幼儿教育的特点出发，科学地设计教学计划，并进行有效的执行。音乐教育是在幼儿愉快的生活中进行的，它的教学效果一般不会像口头说教那样直接地传达出来，而像一场春雨，一点一滴地渗入孩子的心灵深处，产生一种潜移默化的教育效果。因此，在音乐教育中，不管是培养能力、提升思想认识，抑或培养心灵，都需要经过一个持续、逐步、潜移默化的教学进程，而在这种情况下，音乐对人的心灵和灵魂的潜移默化的影响力远胜于说教。

## 九、知识性

欣赏音乐可以缓解生活中的紧张情感，使人得到放松。我们还可以从歌曲中获得鼓舞和勇气。幼儿的音乐教育除了要做到上述两点外，还必须具备一定的知识性。幼儿的音乐教育不仅要给予幼儿美的享受，还要培养幼儿的情感，塑造幼儿的人格；不仅要教会幼儿简单使用一些乐器和乐理知识，也要通过歌词内容和游戏活动，教会幼儿做人的道理。例如，《一分钱》这首儿歌，让幼儿在学习歌曲的同时，懂得拾金不昧的道理。又如，当一个孩子学会儿歌《小人书》时，他就会知道小人书被撕坏了，小人书就会哭，从而让幼儿养成爱护书籍的好习惯。

## 十、品德性

音乐教育的作用是潜移默化的。音乐教育对幼儿的作用不如直白的知识那么直接，而是一种潜移默化的作用。虽然短时间内还不明显，但高雅的艺术修养却是可以深入到一个人的内心深处。在这些潜移默化的作用下，幼儿对周围的事物有了一个基本的认识。或许，幼儿会遗忘某些文化，但幼儿的直觉却是无法抹去的。我们在开展音乐教育时，不能急于求成，不能只顾眼前，而忽略其对幼儿心灵和品德的影响。

# 第四节　幼儿音乐教育的价值

在教育实践中做好幼儿音乐教育，必须首先弄明白为什么要开展幼儿音乐教育，以及幼儿音乐教育能够给幼儿带来什么作用。1952 年，教育部在颁布的《幼儿园暂行规程（草案）》中就规定音乐是幼儿园教育活动的六个项目之一。2001 年，教育部印发了《幼儿园教育指导纲要（试行）》，明确了"健康""社会""语言""科学"和"艺术"幼儿园五大教育领域。作为隶属于艺术领域的一个重要分支，音乐成为幼儿园教育的主要内容之一。

## 一、幼儿音乐教育对幼儿发展的影响

在生理层面：现代神经系统专家们的研究表明，音乐教育可以促进人们左右脑的均衡发展。对于开发右脑、发展人的形象思维、提高人的智力水平都具有不可忽视的作用。现代医学研究表明，节奏感强的音乐能使机体的血液循环与呼吸道产生协调的律动，调控机体的生物节奏，进而对幼儿的生长发育及身体健康产生重要影响。

在认知层面：可以培养幼儿的基础音乐技能。在学龄前期，音乐教育可以使幼儿能够对音乐的节奏、旋律、速度有一个基本的认识与表达能力；具备基本的歌唱、舞蹈和演奏技巧，并具备基本的艺术表现能力。音乐教育可以培养幼儿社交能力。音乐活动既能增进幼儿之间的交流，也能提升幼儿的交际能力，让幼儿学会与别人共享自己的玩具，学会如何去帮助其他孩子。音乐教育对幼儿的创造性、想象力的发展也具有一定的促进作用。

在情感层面：可以激发幼儿在音乐中主动投入的热情，让幼儿在课堂上积极地投入学习。在艺术领域中，最擅长表现和唤起情感的就是音乐。歌曲中的每一句都能用一种特别的、形象的方式来传达某种情感，宣传美好的事物，对虚假的事物进行批判。把思想性和艺术性结合在一起，这样就能对幼儿进行生动的情感教育，增强幼儿的意志。幼儿的社会化最终要靠其处理好与人之间的关系，并在某种社会秩序下获得相对的自我约束力。许多幼儿在家中常常是"唯命是从"或者"小帝王"的状态，因此，好的自律的活动次序难以达到。音乐教育能让幼儿逐渐感受到规律的推动。通过感受音乐节奏的、舞蹈动作编排、音乐游戏规则等，幼儿可以在一种快乐的、不需要被迫的音乐环境中，形成自觉的、自律的、自我激励的性格。

在行为层面：音乐教育对幼儿合作精神的发展起到了促进作用。幼儿的大部分音乐教育行为都是以合作方式进行的，如合唱、集体舞蹈、游戏等，要想将个体的创造与集体的合作密切结合起来，就要在重视个人发展的同时，也要重视集体协作。音乐教育对幼儿的语言发展起着重要的推动作用。音乐与语言之间存在着紧密的联系，而语言又是进行音乐教育的重要保障，因此，在教学中教师应该把语言与音乐教育有机地结合起来。

## 二、促进幼儿全面发展

幼儿音乐教育纵然有诸多功能，但是从培养幼儿学习能力和促进幼儿全面发展的角度来看，幼儿园音乐活动最重要、核心的价值是什么？纵观音乐教育的发展历史，人们对于音乐教育的认识和理解由于受到关于艺术教育价值两大学派理论——"本质论"和"工具论"的影响而产生了差异，对音乐教育价值的理解有两种观点：一种观点受到"本质论"的影响，认为音乐教育的目的就是音乐本身，因此强调音乐教育是以音乐的内在价值为主要教育动力的社会实践活动，人们接受音乐教育的目的是通过一些表演和表现活动，体验到表达与创造的快乐。另一种观点受到"工具论"的影响，认为音乐教育的目的在于被教育者的创造性和人格的发展，因此强调音乐教育是以音乐的功利价值为主要教育动力的社会实践活动，人们之所以接受音乐教育，是因为它可以促进运动能力、随感、语言表达、认知思维、社会交往与合作等多元发展。认同"本质论"的音乐教育者认为，幼儿的音乐能力不是自然发展的结果，其各方面的音乐知识和技能都是通过系统的教育而形成的。所以，"本质论"视野对幼儿教育的学科性价值，即以音乐为本位，以教育为手段，让幼儿学习各种音乐知识技能，以发展幼儿的音乐潜能，培养未来的音乐人才。

以音乐为本位的幼儿音乐教育十分强调幼儿音乐技能的传授和训练，教师们往往把某个音乐知识或技能的获得作为每次音乐教育活动的目标，采用传授式的教学方法将音乐知识和技能强加于幼儿，有些教师甚至对幼儿的歌唱技巧、舞蹈动作的准确性过分地追求，用严格、整齐、划一的标准去要求幼儿。这种教育导致幼儿虽然会唱许多歌曲、能跳许多舞蹈、能演奏各种乐器，但是内心却是空白的，他们的表现和内心对音乐的感受是脱节的，即使拥有这些技能，也无法正确地使用这些技能表达对于音乐的感受，有的甚至还对音乐充满了排斥和厌倦。在 5～6 岁幼儿韵律活动创造性表达能力的实验中，有个别被试的幼儿在听到德沃夏克的《幽默曲》后，竟然做起了广播体操，更有甚者自顾自地压腿、下腰，做着一系列和音乐的节奏、旋律和情感完全无关的动作。可见，尽管不少幼儿的音乐知识和技能日益丰富，但是他们却只是音乐领域的"工匠"，他们的音乐灵性随着音乐知识和技能的增加而逐渐消亡，可能永远都没有办法成为音乐领域的"缪斯"。认同"工具论"的教育者把音乐教育当作幼儿自然发展的工具，认为音乐教育的根本目的是促进幼儿自然、全面地发展。所以，"工具论"视野下的幼儿音乐教育强调音乐的教育性价值，即以教育为本位，以音乐为手段，通过多元化音乐活动（如歌唱、舞蹈、乐器演奏等）为幼儿的艺术感知世界提供丰富平台，激发幼儿的审美情趣，同时推动幼儿身心和谐成长，塑造幼儿优良的个性特质和创新精神。

以教育为本位的幼儿音乐教育极为重视幼儿在音乐教育过程中的创造表现能力，主张采用顺应幼儿自然发展规律的教学方法和手段，并把分析幼儿在音乐活动中的成长特征作为音乐教育活动的评价指标。在音乐活动中，教师没有过多地参与或指导，他们只需要为幼儿音乐潜能的发展创造条件。幼儿可以凭借自己对音乐的主观经验和感受，随心所欲地运用自己喜欢的方式创造性地表达音乐。这种教育强调幼儿在音乐教育中的主体地位，并尤为重视幼儿在音乐活动中个性化的体验和表达，关注幼儿的情感、态度等心理因素，较为符合幼儿发展的规律和幼儿园音乐教育的本质，但由于该教育模式过分强调幼儿的主体地位和个性化的感受与表达，不免会忽视教师在教育过程中的引导、支持和促进的作用。同时，该模式排斥对一些必要的音乐知识、技能的传授，而这些基本的知识技能又往往是幼儿创造性表达的基础，所以在音乐活动中，幼儿很有可能由于缺乏表现音乐的基本技能而表现出无所事事的状态，而教师为了尊重和凸显幼儿主体性，不得不选择放任自流。可见，在该教育模式下的幼儿音乐教育活动无法使幼儿与音乐材料产生积极有效的互动，音乐的审美感染过程也无法真正完成，幼儿对音乐的兴趣也会逐渐消失。

作为幼儿教育学科体系中的子系统，幼儿音乐教育是幼儿在发展过程中必不可少的教育内容和形式之一，幼儿音乐教育是有目的、有计划地对 3～6 岁的幼儿进行的审美教育，对幼儿的个体发展和整个社会的发展都具有十分重要的作用与价值。幼儿时期的音乐教育不仅仅能提升幼儿的音乐审美能力，更能深层次地挖掘幼儿的情感共鸣和意志品质。音乐在塑造健全人格、全面促进身心健康方面展现出强大的影响力。

## 三、促进幼儿脑神经的发展

幼儿阶段是大脑生长发育的关键阶段，频繁的刺激和活动能极大地推动大脑潜能的挖掘。音乐教育能够使幼儿大脑的右半球潜力得到不断开发，进而影响整个大脑潜能的发展。音乐的旋律和节奏犹如一把钥匙，可以解锁大脑不同区域的潜能，促进大脑各中枢系统的发育。人脑的构造复杂而精细，左右两个半球紧密协作，尽管它们各有侧重，但并非孤立运作。一个健全的大脑需确保左右半球能均衡协调发展，这样才能最大化地释放出整体的功能。通过对爱因斯坦大脑的研究，科学家们发现他的脑细胞连接密度显著高于常人，这可能源于他早期接触音乐并持之以恒地沉浸其中，音乐无疑成了他思维创新的重要推动力。因此，音乐教育在塑造未来大脑结构和能力方面的作用不容忽视。伴随爱因斯坦成长的音乐活动可能正是其右脑可以被充分开发的关键，其左脑的工作能力也随着右脑的开发而得到了扩展，为他今后能够获得极佳的思维能力奠定了基础。例如，在音乐表演活动过程中，运动感觉中枢与运动中枢承担着调节、控制的任务。因此，丰富的幼儿音乐教育活动能够促进大脑左右半球机能的有效开发，使大脑各中枢经常处于积极的活动状态，从而促进大脑潜能的全面开发。

## 四、促进幼儿身体机能和运动能力的发展

在幼儿园的教育活动中，各种活动都会或多或少地促进幼儿身体机能和运动能力的发展，而音乐教育也承载着这一特殊使命。我们经常会看到在歌唱表演、动作表演、乐器演奏等活动中，幼儿往往需要通过嗓音、身体动作等方式来表达对音乐的感受和体验。在时间的流动中，音乐艺术可以表现出不同的音

乐形象，让人体会到音乐的情感，因此任何音乐的欣赏、表演或创作活动都离不开对音乐表象的记忆和再现的能力。音乐教育家铃木曾通过"浸润式"的教学模式，让 10 岁以下的孩子激发出了强大的音乐记忆力。可见，在记忆能力发展的关键期，教育者如果正确运用音乐教育可以有效地促进幼儿音乐记忆力的发展。

幼儿阶段是身体迅速发展进程中最关键的阶段，身体各部分机能的发育和运动能力的发展对该阶段的幼儿来说尤为重要。幼儿的身体发育不仅体现在肌肉、骨骼、韧带的协调发展，更表现在神经系统反应速度和协调性的显著提升，以及心肺功能的耐受性的增强。因此，幼儿音乐教育活动为幼儿提供了身体运动的机会，并不断促进了幼儿身体机能和运动能力的发展。艺术在音乐活动中必须借助听觉感知器官来获取音乐信息，敏锐的听觉能够正确地听辨出音乐中节奏、旋律、曲式等基本要素的变化，从而更好地帮助幼儿感受音乐所蕴含的内涵和情感。幼儿音乐教育活动能够为幼儿听觉能力的发展提供丰富的锻炼机会，提升幼儿听觉的敏感性。苏联心理学家列昂捷夫曾以非具有音乐天赋的幼儿为研究对象，通过精心设计的音乐体验课程，让他们在互动中逐步产生基础的音乐感知能力。这表明，幼儿教育活动关键在于教师为幼儿创造丰富的音乐环境，通过有目的的引导，让他们全神贯注于听觉探索与训练，从而挖掘潜在的音乐潜能，这样幼儿的听觉感知力能够有效提高。此外，多种感官共同参与是幼儿音乐活动的一个重要特征。音乐活动不仅需要借助听觉，更可以通过视觉、运动知觉和语言知觉等感知器官的协同活动，丰富和加强听觉感受。因此，幼儿音乐教育活动还能够促进其他各类感知能力的发展。

## 五、促进幼儿想象力和思维能力的发展

在音乐活动中，想象起到了至关重要的作用，它是幼儿在音乐活动中获得审美愉悦的最重要的心理环节。爱因斯坦曾指出想象力要比知识更重要，可见，想象力是思维活跃的创造性人才所必不可少的能力，它和感知、记忆、思

维等共同构成了一个完整的心理过程。想象是人脑对已有表象进行加工改造而创造新形象的过程。想象力是由表象深入发展而形成的一种较高级的思维能力。幼儿音乐教育活动可以让幼儿接触到更多的富有感染力、表现力的音乐作品，也可以为幼儿的自由想象提供施展才能的舞台。

从幼儿思维发展的多元角度审视，幼儿思维划分为直观操作思维、具体形象思维、理论概念思维三个阶段。音乐教育在这个过程中扮演着催化剂的角色。对于初期的直观操作思维阶段，幼儿主要依赖于肢体动作活动，动作是思维的起点，也是思维的终点，具有形象性、创新性等特点。幼儿在欣赏音乐时也需要通过借助具体形象的方式感知音乐的韵律和情感，促进自己认知的发展。在音乐教学中，教师应巧妙地运用各种方法，激发幼儿理解音乐与音乐之间、整体与部分之间以及音乐与艺术表现形式之间的各种关系，使幼儿形成初步的音乐抽象概念，并逐渐发展其理论概念思维。

## 六、促进幼儿情感和意志力的发展

在音乐教育活动过程中，挖掘音乐教育活动蕴含的情感素材，丰富幼儿的情感感知能力和内在的情感世界，进一步促进幼儿的情感发展。通过创设音乐情景，让幼儿在情境中感受到音乐之美，增强幼儿内心的情感体验。

由于音乐教育活动是一种有目的、有计划的教育实践活动，无论是学唱一首歌曲还是学跳一支舞蹈，都包括音乐技能学习。掌握音乐技能是不容易的，需要有克服困难的勇气、顽强的意志力。意志力需要确定目标，持续地激发、维持自己的行为，这是个人成才过程中重要的非智力因素之一。所以，音乐教育活动对促进幼儿意志品质的发展也具有一定的促进作用。铃木音乐教育体系就十分提倡坚持不懈的练习，其根本目的也是磨炼幼儿坚韧不拔的意志品质。此外还有不少研究表明：音乐素养丰富的幼儿在学习和社交环境中能够展现出更强的目的性、毅力和自我控制能力，这表明音乐教育成了塑造和提升幼儿基础意志品质的关键途径。

## 七、促进幼儿的个性和社会性发展

个性是区别他人的、独特的、稳定的特性。个性的形成是个体在生理上、心理上获得独立的过程，也是人格发展过程中必经的一个阶段。音乐是沟通情感、思想表达的一门艺术，人们借助音乐可以进行思想沟通，可以搭建和谐的情感关系。因此，音乐还为人们提供了人际交往的机会，满足了人们交往的需要。现代心理学认为，个性是社会个体在物质交往中形成的具有社会意义的心理特征系统。它主要分为三个系统：自我意识系统、个性倾向性系统和个性心理特征系统。音乐教育活动在塑造幼儿个性方面展现出的显著的影响如下：

作为与幼儿生活紧密相连的艺术形式，音乐能以其多样的音响、生动的节奏和悦耳的旋律，激发起幼儿的愉悦感，进而点燃幼儿对音乐的热爱，从而推动个性倾向性系统的积极形成。

在参与音乐体验的过程中，幼儿需主动感知并调整自己的表达方式，如自己的嗓音、身体动作等，使之与音乐的情感和风格相契合。幼儿通过反思由音乐引发的想象和情感体验，以及在自我与他人行为间的对比与评价，能逐步增强自我认知和批判性思维，深化个性的发展。

对于个体的成长，特别是幼儿阶段，社会性发展是通过互动与合作逐渐形成的复杂过程。这既是社会进步的要求，也是个体自我完善的必经之路。音乐教育活动不仅可以为人际交往开辟新的途径，为幼儿提供丰富的实践机会，也可以让幼儿在音乐活动中获得有效的沟通与合作机会，从而在无形中培养幼儿的社会交往能力和团队协作技巧。

## 八、幼儿音乐教育的社会功能

想要获得音乐的品位和修养，就必须从小开始接受音乐教育。音乐就好比是一种语言，应当从小开始学习，只有这样才能越早把音乐掌握得像母语一样。幼儿音乐教育是一种富有强烈艺术感染力的审美教育，能使幼儿在自觉或不自觉地参与音乐教育活动时获得精神的陶冶、心灵的净化和情感的升华。幼儿音乐教育可以使音乐产生的这种情感上的感染、思想上的影响在"潜移默化""寓教于乐"的活动中被实现，从而培养新一代人、净化社会风气、引导良好的道德风尚。幼儿作为社会成员的一个重要组成部分，教师如果能够对其进行正确的音乐教育，从小培养他们欣赏音乐的兴趣、加强他们对于音乐的敏感性，甚至使音乐成为其生活中不可缺少的一部分，那么就能对幼儿这个独特的社会群体的音乐素质进行实质性的培养。能够对音乐做出正确的分析和判断，需要的不仅是敏锐的听觉感知力，还需要深厚的音乐修养。例如，教师在开展幼儿音乐教育活动时，可以为幼儿精心选择一些内容有趣、形式优美、思想高尚的音乐作品，让幼儿在欣赏的过程中能够充分感受、体验到音乐作品中所蕴含的爱国主义精神和良好的道德品质内涵，从而净化幼儿内心世界，完善幼儿人格品质，对社会精神文明产生间接影响。

# 第五节 幼儿音乐教育价值的实现路径

早期阶段是幼儿潜能发掘的关键期，尤其在音乐教育领域，它占据着不可忽视的重要位置。音乐教育作为幼儿教育体系的基石，不仅能提升幼儿的音乐能力，促进幼儿身心发育与社交能力的成熟，还能全面推动幼儿的成长。教育部在发布的《幼儿园教育指导纲要（试行）》中强调，艺术教育应着重塑造幼儿情感，培养幼儿健全人格，激发幼儿欣赏美、表达美的热情，丰富幼儿的审美认知，让幼儿在自由创造和表达中享受乐趣。音乐教育因为在实现这些教育目标中起着核心作用，所以我们要重视它的实现路径。

## 一、树立正确的幼儿音乐教育理念，注重音乐活动体验

音乐教育活动的重点在于音乐的形式，而非单纯的技能训练。激发幼儿对音乐的热爱和兴趣，既是音乐教育活动的目标，也是提升幼儿音乐技能的有效

途径。在音乐教育活动中，教师应注重培养幼儿对音乐的热爱，让幼儿在参与音乐活动中自然而然地爱上音乐，愿意用音乐表达自我情感。游戏作为幼儿园教育的重要形式，音乐教育也应运用游戏化的方式，让孩子们在游戏中无拘无束地展现自我，提升他们对音乐学习的积极情感体验。

音乐教育活动能帮助缓解幼儿与父母分离的不安，增强与同伴的互动，带来身心的愉悦。教师在实施音乐教育活动时，应遵循以快乐为导向的原则，重视幼儿在音乐体验中的审美体验。音乐技能的训练被认为是提升审美素养的手段，而非单一的目标，然而，现实中的幼儿音乐教育往往过于追求功利，将学习目标设定为等级考试或奖项，这偏离了音乐教育的根本——让音乐成为生活中的喜悦源泉。成人为了自己的目的而对幼儿任意塑造，幼儿的音乐学习是处于一种压力环境中的。尽管幼儿在学习中投入了很多的时间和努力，他们的音乐技巧得到了极大的提升，但却从未体会过音乐所带来的情感与欢乐，这与幼儿音乐教育的目标背道而驰。幼儿在学习过程中若无法获得愉悦感，则是音乐教育的失败。为此，教师与父母要树立起科学的教育观念，确定正确的音乐教育目标。对幼儿而言，最大的成就是在他们的音乐生活中得到身体和心理上的快乐与满足。幼儿应该在音乐活动中有自己独有的认识和表达方式，获得美的享受。教育者要充分尊重幼儿的身体和心理发展特征，采取各种方式培养幼儿的音乐审美能力。因此，在教学中教师应加强对幼儿的审美能力的培养。

培养幼儿的审美能力可以从如下途径入手：一是根据幼儿特点，选用合适的音乐作品。幼儿的心理发展特征与成年人是有区别的，所以教师挑选的音乐应该是可以培养幼儿的性格、净化幼儿的灵魂、满足幼儿的欣赏偏好的。二是要让幼儿多聆听一些歌曲。幼儿对音乐的欣赏主要是通过听觉进行的，要想体会到它所包含的规律，就必须有足够的直观体验。在幼儿听音乐的同时，教师可以指导他们去感受音乐中的力度、节拍、节奏、音色等，由此向情感感受转变，逐步增强对音乐的敏感度。三是要使幼儿具备一些音乐表现能力。培养幼儿的审美能力，必须掌握一些基本的知识与技巧，让幼儿更好地了解音乐，培养他们的审美能力。由于幼儿天生就对音乐技巧比较敏感，让幼儿获得一些音乐表现的技巧，有助于幼儿与音乐的沟通和对话。四是注重幼儿的情感参与。幼儿的音乐感知主要是直觉的感觉，其抽象思维的发展随着年龄的增大而逐步增强。因此，在幼儿时期，教师应该遵循幼儿的身心发展特征，使幼儿在愉快的氛围中进行音乐的学习。在与幼儿的情感沟通中，教师要指导幼儿了解音乐的情感基调，要让幼儿把握好技巧和表现之间的相互联系，引导幼儿用自己的方法来表现自己。素质教育对幼儿的发展提出了更高的要求。在音乐教育活动中，教师也应该提倡幼儿的创造性。艺术有多种表现方式，每一个幼儿都有自己的特长，因此，他们对同一作品的表现也各有特色。在音乐教育过程中，教师要注意培养幼儿的创新意识，避免"一刀切"。当幼儿被激励的时候，他们的音乐表现就会更加自信。例如，在唱歌、跳舞等活动中，个性比较内敛的一个幼儿不会去勇敢地展示自己，这时，教师应该给予他一定的适应期，让他以自己比较害羞的方式来进行音乐的表达，之后才能逐渐地将他带到伙伴们的身边。在幼儿的音乐表现过程中，教师如果反复地指责、指点，会让幼儿失去自信，失去对音乐的兴趣。自信对一个人来说是很重要的。在幼儿早期，创造各种表演的机会，让他们用自己喜爱的方式去抒发自己的情感，并得到老师和同学的认同，这是增强幼儿自信的一种有效途径。所以，教师要让幼儿多参与不同的艺术活动，让他们有机会展现自己的艺术才能，树立自信。每个幼儿都会有表现的愿望，而表现与表演之间存在着一定的相似性，但也存在着一定的差异。表演是一种低层次的模仿，幼儿需要掌握一定的音乐技能，而表现是一种更高级的艺术创造，它要求幼儿在音乐创作中把自己的情感与音乐结合起来。

在培养幼儿性格、幼儿独立思考能力、开发幼儿想象能力方面，音乐具有其特有的语言系统。在幼儿园的音乐教育过程中，教师要教会幼儿一定的音乐表达技能，为幼儿在音乐上的自如表现和音乐创作创造良好的条件，在对幼儿进行音乐教育时，让幼儿在愉快的精神气氛中进行欣赏与表达。教师给幼儿播放一些好听的音乐，能激发他们积极的生活态度。幼儿通过聆听与欣赏音乐，能够加深对音乐的了解，提高幼儿的身体和心理健康水平。

## 二、注重幼儿音乐素养的培养，突出音乐本身的作用

音乐教育最基本的功能就是对学生进行音乐知识、技能的传授，使学生学习音乐，提高学生的音乐文化素养。音乐作为一种人类文化现象，也是传承人类文明的过程。在幼儿音乐教育中，音乐活动主要包括音乐欣赏活动、歌唱活动、韵律活动、音乐表演四个方面。这些音乐活动能够提高幼儿的音准、音域、乐感、节奏感等。同时，通过对音乐的感悟与了解，幼儿对音乐的感知与理解能力也能够逐渐增强，幼儿对音乐的表达与创造也会得到发展。音乐教育不但可以使幼儿了解各类音乐符号，也可以使幼儿获得一些歌唱和演奏技能，还可以培养幼儿对音乐的感知、理解、表现的能力，提高幼儿对音乐的表现力、创造力和敏感力，使其音乐能力和音乐才能得到发展。

## 三、发挥音乐有益的刺激作用，促进幼儿右脑神经元的发育

幼儿时期是人体生长最为迅速的一个时期，因此，对幼儿进行音乐教学具有重要的意义。在音乐教育中，歌唱是最普遍的一种。歌唱能在某种程度上刺激幼儿的发音器官、呼吸器官的发育。现代医学研究表明，音乐的韵律、节奏能使血液循环与呼吸道产生协调的律动，从而影响到人体的心跳、脑波、神经感应、肠胃蠕动等，对机体的生理节奏起着一定的调控作用，进而能推动人的健康发展。音乐教育对早期幼儿的脑发展起到了积极的推动作用。左脑具有逻辑思维功能，主要负责数学、语言、符号理解等抽象思维；右脑具有综合性形象思维功能，主要负责音乐、空间感知、图形感知、距离判断等直观思维，但是在实际的教学中，教师都过分强调对幼儿进行语言等抽象思考的培养，忽略了以发展形象感知几何思维能力为主的活动领域，从而对幼儿整体脑功能的优化开发产生重要的影响。幼儿时期的音乐教育可以从某种意义上来填补这个不足，这是由于音乐的刺激能促使右脑神经元的发育，提高神经元的活性，激活大脑皮质的一些关键中枢，最大限度地发挥右脑的作

用，促进两个大脑的协调发展。研究表明，幼儿早期的大脑发展速度是最迅速的，幼儿早期学习音乐可以促进大脑的发展。由此可见，幼儿早期的音乐教育是一个不容忽视的问题。实现幼儿大脑机能的最佳发挥，必须注重幼儿音乐教育。学习过音乐的孩子比他们的同伴有更高的智商。一般来说，智力就是人对客观事物的认识和了解，并将知识和经验运用到解决问题上的一种能力。智力包括五个要素：注意力、观察力、记忆力、思维力和想象力。注意力是一种有意识的行为，不管是练习节奏或弹奏一件乐器，都要有一个清晰的目标。这个目标会随着年龄的增加而变得越来越清晰。所以，如果我们不能集中精力、持之以恒地进行学习，是不可能实现教学目标的。观察力是一种大脑用来观察事情的能力。在幼儿早期的音乐教育过程中，对新歌、新舞蹈的观察与模仿，是幼儿学习新歌的重要方式。在音乐活动过程中，幼儿会主动地去看和听，通过观察产生兴趣，在自己的思考中学会学习。通过对一件事情的理解和掌握，可以形成一个良性的循环，进而有效训练幼儿的观察能力。记忆力是指重现事物的能力。幼儿在听音乐的过程中对音高、音色、节奏的辨别也可以通过记忆力来改善。幼儿通过背诵歌词和动作的方法不仅可以学会唱歌，还可以提高幼儿的听觉能力。思维力是人的大脑对事物的一种间接的、概括的反映。幼儿通过音乐活动的学习，可以对一些物品、经验、事件的分类和归纳，然后通过思维概括总结出来。与其他的活动相比，音乐活动可以拓展幼儿的想象力，使幼儿能够在广阔的天地里进行自主的想象力训练与发展。

## 四、组织音乐集体活动，提高幼儿适应社会能力发展

音乐教育能够推动幼儿的个性发展。幼儿音乐教育活动是一种群体行为，它要求全体成员共同协作，参与其中的每一个人都必须全力以赴、共同去做。幼儿参加音乐教育活动的本质上是一种社会化的行为。在越来越多的人开始注重教育质量的时候，幼儿对于周边自然环境和社会需求理解的社会适应性是非常关键的。音乐教育活动一般以集体教学方式进行，如合唱、集体舞蹈、合奏

等，为幼儿创造更多的人际关系和交流沟通的机会。在音乐教育活动中，幼儿可以在愉快的情感中感受到音乐的美，提高自己的音乐知识和音乐技能，学会了解人、尊重人。在此过程中，幼儿的组织性和纪律性也可以得到培养，自律性、责任感和自觉性也得以形成。这些素质是幼儿未来步入社会所必需的，能为幼儿的社会化奠定良好的基础。音乐教育对幼儿的发展具有非常重要的作用。在幼儿早期进行的音乐教育，不仅可以教会幼儿基本的歌唱和舞蹈，还可以使幼儿在交流中满足心理需要和情感需求，促进幼儿健康成长。

## 五、设计音乐的交互活动，促进幼儿的智商、情商发展

音乐作为一种规律振动的声波，被人的生物节奏所喜爱。在音乐的刺激下，大脑的神经系统的轴突、树突会更多，神经元之间的联系程度会更紧密。智力能力与大脑的发育程度紧密联系。笼统地说，大脑的神经系统越发达，人的智商就越高。由此看来，音乐对于促进大脑发育有重要作用。幼儿时期是一个人一生大脑发育的最高峰期，在这一时段，幼儿有着强烈的认知欲望与模仿能力。我们要用音乐这一种特殊的艺术形式，来帮助孩子在情感、心理、智力上更好地发展。情商影响人的性格。一个人是内向还是外向，有没有毅力、意志力，有没有自信心，这些都是情商中的重要因素。音乐作为一种文化因素，已经不仅是人类娱乐的工具，也是心灵疗伤的一剂良方。在音乐的熏陶下，幼儿的情感丰富程度、审美能力都有了提高。实验表明，学习音乐的孩子普遍较为活泼开朗，也能很快地去接受新事物。

## 六、采用多种音乐教学形式，促进幼儿各方面综合发展

音乐教育给幼儿带来的益处是多方面的，既有想象和创造能力的提高，又有语言能力、听力、表现力的锻炼，还能有助于幼儿身体的发育。教师通过唱歌内容、音乐游戏、音乐欣赏等教学方法，可以给幼儿创造一个奇妙的艺术世界。音乐教育只是一种促进幼儿发展的手段，而不是仅仅为了让孩子掌握一

种乐器。音乐教育可以给予幼儿一个身心同步发展的机会，在兴趣引导的作用下，促使孩子乐在其中，并广泛地联想与思考，在实践中获得认识与心理的完善。兴趣是最好的老师，可以说，如果幼儿对音乐产生兴趣，那么教师再进行文化性、常识性教育就容易得多。幼儿音乐教育主要包括音乐欣赏活动、歌唱活动和韵律活动。音乐欣赏可以与情景模拟、角色扮演、情感体验、想象绘画等相结合。歌唱活动可以与节奏、语言、律动等相结合，融入节奏感、身体律动和创意舞蹈等元素。音乐游戏作为教学辅助，可以巧妙地渗透在所有教学环节中。运用丰富多样的教学手段，教师可以通过歌唱激发幼儿对音乐的感知，通过乐器演奏培养幼儿的音乐技能，通过韵律活动激活幼儿的身体表达，通过审美欣赏提升幼儿的欣赏力。幼儿在参与音乐教育活动中能分辨音乐的好坏，感知音乐的律动，体验音乐背后的情感，学会主动地感知美、理解美和欣赏美，自发地展现美、创造美。

# 第三章　国内外音乐教育与幼儿音乐教育

## 第一节　国内外音乐教育的创新与发展

### 一、音乐教育学科研究的范围

德国是最早系统地开展音乐教育学研究的国家。音乐教学主要分为两个大的方面：一是基本问题的提出，二是对各个国家的音乐教育情况的研究。基本问题是音乐教育学的概念、音乐教育与活动的关系、音乐教学分类、音乐教育设施、器乐及器乐教育史等。各国音乐教育的概况主要是对各个国家的音乐教育情况进行收集、介绍，并从中汲取经验与教训。德国教育家芬格尔在其著作《音乐教育学目前的倾向及外观》中，对音乐教育学这一概念进行了新的探讨。音乐教育学应该包括三个方面：主体分析、对象分析和具体分析。从社会学的角度来看，主体分析研究的内容主要有个体心理学、教育心理学、教育社会学、发展心理学等。从音乐学分类来看，对象分析研究的内容包括音乐历史、音乐美学、音乐理论、音乐社会学等。从教学研究的角度来看，具体分析可以分为学习目标研究、教材研究、教学方法研究、项目研究等。19世纪初期，美国就已经开展了对音乐教育学的研究。受瑞士教育家裴斯泰洛齐的教育思想的启发，美国学校音乐教育的奠基人梅森对音乐在教学中的作用、方法和内容等方面做了较为深刻的研究。20世纪80年代，美国学者多纳德·霍杰斯出版《音乐教育研究导论》（上海音乐学院出版社，2023年）一书，这本书反映美国音乐教育界在理论和实际工作方面所掌握的基本理论及与之相关联的边缘学科，主要包括音乐教育史、音乐教育目标、音乐教育社会心理学、音乐教育美育理论、音乐教育哲学理论等。

## 二、音乐教育学的研究方法

音乐教育学的研究方法比较欠缺。音乐教育学作为一种与其他学科紧密相关的边缘性学科，在研究方法上更多地借鉴了音乐学或相邻学科的研究方法。在此基础上，对音乐教育学进行研究的成果越来越多。在《音乐教育学研究方法》（知识产权出版社，2017年）一书，对相关的研究方法进行了比较全面的梳理，并对已有的研究方式进行了补充和完善，提出了五种不同的研究方法。概括地说，外国的相关文献涵盖了以下几种研究方法：对比研究法、案例研究法、叙述研究法、分析研究法、哲学研究方法、史学研究法、统计研究法、发展研究法、模型研究法、实验研究法、系统研究法。下面是对不同的研究方法进行的简要介绍：

对比研究法。音乐教育的对比研究是以一个国家现有的或以往的音乐教育体系和教育内容为基础，在历史和社会背景的基础上，对比两个或多个音乐教育现象，探讨其共性与差异及相互影响。

案例研究法。这样的研究一般是针对一位音乐家或一位音乐教育工作者进行分析，也可以是针对某个家庭、集体或流派进行个案研究。研究分为四个步骤：确定研究对象、搜集基本信息、深入地研究受试者、经过调查确定与目标相适应的指引。

叙述研究法。这个方法是指通过对某些特定的音乐才能或现象进行测定与研究，并根据所获得的数据，对一种现象的成因进行剖析与说明，探讨其共性问题。它能更好地掌握和改进当前的状况。

分析研究法。分析研究的首要目的是在对音乐教科书的记载和历史的调查之后，着重于对社会和背景的分析研究，通过对比制定出不同的音乐教育方案。

哲学研究法。这个方法是探索音乐教育的本原，对当前的音乐教育进行评价，并对哪些方面应该加强、发展，还是应该抛弃和修改进行探讨。

史学研究法。所谓史学研究，就是对某一时期的音乐教育进行研究，并对当时的一些重要的音乐教育家、集体或流派进行研究。

统计研究法。该研究方式是将通过不同的研究方法所获得的与音乐教育相关的资料进行分类整理，并对不同材料设置相关联系及平均值，或者是对已有资料进行有意义的核实。统计研究方法一般是用控制实验的分析方法来推断或预测某些特定的结果。

发展研究法。发展研究法侧重于对各年龄段幼儿在音乐发展进程中呈现出的共性的音乐心理和行为的特点及本质进行探讨，从而使其符合幼儿发展的规律。发展研究要根据幼儿发展理论中的一些结论或假定，观察幼儿在各个年龄段的音乐发展特点，从而构建起一套关于幼儿音乐发展的理论系统，用于指导音乐教育实践。

模型研究法。模型研究法就是运用数学模型对音乐教育中的一些问题进行分析，特别是对音乐心理认知规律进行分析。例如，用一些数学方程式解释了一组音高之间的联系和怎样把人类的感知与记忆作为一首曲子来表达。它可以运用一定的语言规律解释人们对音乐的认识。

实验研究法。它是把自然科学的研究技术引入到社会科学领域的一种方法。这样的研究方法是最为客观的。对音乐教育学的研究采用该方法的目的是要从具体的音乐教育中了解其现状和原因。

系统研究法。这是将系统科学的理论应用于音乐教育的研究中，将音乐教育中的一些现象与问题作为一个系统，在一个系统中进行分析和讨论。例如，在制订一套完整的音乐教学计划时，需要对这个系统进行分析和讨论。要考虑到学校、家庭和社会三者之间的关系以及学校音乐教育的需求、音乐教育对社会和家庭的奉献。音乐教育的特征主要包括学校音乐、家庭音乐和社会音乐的特征以及它们之间的关系。在这一个系统中，研究者确定要制订音乐教学计划的地位、角色、任务、内容，在此基础上，结合当前的音乐教育现状以及对此类课程的需求，给出最优的解决方案。

## 三、中外音乐教育

国外比较有影响力的音乐教育学研究呈现出如下的发展趋势：

（1）音乐教育学的研究领域不断地向深度、广度发展。

（2）音乐教育理论研究与音乐教学实践的差距不断缩小。

（3）在音乐教育研究中引入其他学科新的研究结果。在此基础上，运用交叉学科的研究思路。

在多元的教育视角下，不同国家的音乐教育经验得到不断的交流学习，文化的交流也日益增多。在教学中，音乐教育的内容包括动作、乐器和语言三个层面。为此，音乐教育内容既要适应多样化的发展趋势，又要与时俱进，实现各国民族文化的发展，在多元化的潮流中占据一席之地。通过音乐教育的内容来学习其他国家的多样性，并对不同国家间的差异给予尊敬与了解，促进不同国家间的友好关系与交流，能够缓和国家之间的矛盾，争取国家之间的和平。我国有56个民族，每一个民族都有自己的语言和习俗，这些语言和习俗代表着一个民族特有的文化，所以要对各个民族的多样性予以充分的承认和尊敬，让它们共存。因此，我国在音乐教学内容的选取上应充分反映出这个多元化的特征。为此，我国应建立多元思维，进行音乐教学体系改革，把世界上最好的音乐融入音乐教科书，充实已有的教学内容。在多元化的教育视角下和日趋多样化的背景下，我国音乐教育的内容不仅发生了改变，就连音乐教育的方式也发生了改变。与过去的教育方式相比，在多元化、多样化的情况下，音乐教育的形态不再仅仅依赖于课堂上的方式，而应该采用各种方式进行教学。只有这样，才能确保各民族的孩子都有同等的学习机会。按照多元化、多样化的观念，各个民族都有各自的本土文化，各个民族之间可以相互交流与借鉴，以此来适应和尊重差异。因此，要使音乐教育的内容多样化，就必须在一定的范围内对其进行一定的变革。在多样化的大环境中，学习音乐就需要让学生先了解自己国家的文化，再去欣赏其他国家的文化，具有欣赏世界文化的素质。这就需要我们的音乐教育模式进行变革，建立全新的音乐教育理念，采用新型的教学方法，主动与学生互动。只有这样，才能让我们的音乐课更加充实和活泼。与此同时，教师也要加强对教学节奏的把握，对学生给予足够的尊敬，细心地观察每位学生的差异，尽可能地满足他们的不同需求，提高学生对音乐学习的主动性，提升学生对音乐知识的应用能力，促进学生的全面发展。

# 第二节　国内外幼儿音乐教育研究与实践

国内外幼儿音乐教育研究的专家们认为，对于大多数人而言，他们未来未必能够走上音乐之路，成为一名音乐专业人士，但从小就学会享受音乐，感受音乐所带来的情感，并与别人共同分享音乐带来的乐趣，这一点是很重要的。并不是说不需要学习知识技能，而是更应该注意到，在培养学生个性方面，音乐教育的功能更为重要。在实施素质教育的今天，音乐教育已成为基础教育的一项不可缺少的内容，尤其是幼儿的年龄偏小，更是引起了教育界的广泛关注。通过大量的教学实验说明，在培养幼儿的综合能力、促进幼儿健康成长方面，音乐能充分发挥其应有的作用。近年来，很多幼儿园都按照幼儿身体和心理发展的规律以及幼儿音乐教育的特征，对幼儿进行了一种健全的审美能力和审美意识的培养，让幼儿音乐教育能真正地实现提高智力的目标，推动幼儿身心、情感、智力、社交能力和其他方面综合能力的发展。

幼儿音乐教育的重点是将音乐内容和音乐活动结合起来，从而让幼儿能够做到以下方面：①唱歌、弹奏乐器；②体会动作韵律；③欣赏乐曲；④进行具有创意的表演。

这方面的研究主要集中在以下几个方面：①激发幼儿学习音乐的兴趣；②对幼儿音乐情感发展的影响；③培养幼儿音乐表达能力，以及解决其他一些问题。

在音乐教学中，教师不仅要注重音乐技能与知识的传授，更要注重幼儿的情感与心理发展，从多元文化的视角看音乐教育的内涵。

## 一、社会与文化背景的变化

美国著名的教育心理学、教育学家布鲁纳在回忆自身经历时指出：如果教育理论研究不顾教育过程的政治、经济、文化，就是一种自高自大的行为。实际上，目前还没有一套能够满足各个社会和文化环境下的幼儿的教育方案。不过，许多不同的教育方案都非常适宜具有不同文化背景的幼儿。音乐教育是一种以实践理论为依据的文化教学，它重视其自身的文化特性，在美育实施过程中具有重大意义。所以，对幼儿教育的研究必然离不开社会文化。我国历次学前教育的变革无不顺应着时代的变化与发展的潮流，顺应着社会文化发展的需要。

20世纪80年代以来，我国社会经济文化等方面都有了很大的改变，人民的思想也有了很大的转变。同时，社会对于教育发展的新要求也促使人们对音乐教育的作用进行了再思考。特别是随着各国之间的文化交流越来越深入，发达国家和地区的音乐教育理念也开始被引进我国。我国如果没有这种多元文化的交融，就很难满足时代发展的要求，也很难为不断变革的社会培育合格的人才。这个阶段的幼儿园改革目标之一是改革过于重视音乐体系的知识与技巧，用结构主义的设计理念与技巧去对待音乐知识，脱离审美体验的知识与技能教学占据主要的位置的情况；改革目标之二是改革过于重视教师的角色，而忽略了幼儿的成长与需求，脱离教学主体的情况；改革目标之三是改革对学前教育理念的认识不够全面的情况。幼儿音乐教育是一种针对所有幼儿的基本素质和审美教育。审美教育的主要目的是改善和提升人们的生活品质，让幼儿喜欢上音乐，并且让幼儿有继续深入学习音乐的能力与爱好，在无形之中提升幼儿的素养。在过去 20 多年的发展过程中，无论是在理论上还是在实践上，音乐教育都有了长足的进步。只有对幼儿音乐教育的特征有所认识，才能使幼儿音乐教育的特征充分地体现出来，在持续的学习和反思中，使幼儿享受音乐内容，并参与到音乐实践中来。此外，我国对幼儿发展和音乐教学的关系、教师的角色和作用、师生之间的互动、幼儿园组织与管理、幼儿园环境创设与应用、课程设计与评估等幼儿园发展的重要内容进行了研究。在音乐教学过程中，尊重幼儿的个性发展、突出幼儿的主体性的理念深入人心。在幼儿音乐工作者的共同努力下，这个理念逐步转化成了教育的实践。

## 二、教学的变化

在我国，学前教育作为一种特殊的教育形式，其发展不仅关系到幼儿的身体和心理健康发展，而且关系到国民综合素质的提高。倡导"教育关怀"和"以人为本"的理念可以促进学前教育教学质量的不断提高，推动学前教育事业的不断发展。新的教育理念顺应了时代发展的需要，我们要把握好这个时代的"脉搏"，勇于迎接新的挑战，用变革的力量推动教学方法和学生的学习方法的改革。特别是在学前教育方面，我们应该进行一次大胆的实验和借鉴，应当更加明确地意识到，对于幼儿而言，音乐教育活动是一种自我表现的方式与方法，并不强调技能、技巧的训练，所以在教育观念和方法上，更多的是指导幼儿怎样去表现美和创造美。感受音乐、想象音乐、理解音乐在幼儿创新意识和能力的培养中起着非常特殊的作用。在音乐教育中充分挖掘幼儿的潜力，培养幼儿的健全人格，是实现幼儿全面协调发展的重要途径。

### （一）教学理念的变化

今天的教学改革不仅要转变传统的教育理念，更要转变教师的教学观念，改变他们日常生活中形成的习惯。在新的教育理念下，教师的角色要转变成是学生学习的指导者、合作者、组织者。教师要为学生的学习创造条件，凸显学生的主体性，为学生的学习营造良好的情境和方法。幼儿园的教师们也应该这样做，做出相应的改变。学前音乐艺术教育与音乐艺术教育相伴而生，并逐步发展壮大。在一些发达国家，幼儿艺术教育与中小学音乐教育一起发展为一门单独的艺术学科。教育是创新知识、传播知识、运用知识的基本场所，是创造人才和创新人才的重要发源地。无论是培训高素质的劳动者、专业人才，还是提升创新能力以及提供知识与技术创新成果，教育都具有独一无二的重要性。

随着学前教育改革的不断深化，幼儿园的教学理念也在逐步转变。现代学前教育重视以幼儿为中心的艺术教育。由于艺术的本质是审美，所以，音乐教育最终还是要与"美"的教育相联系，而人又是教学的主要对象，在传统的音乐教育观念中，教师往往是教学过程的控制者、教学活动的组织者、教学内容的指导者，幼儿只是教学内容的对象。在奥地利幼儿园的音乐课堂中，每个孩子都是教师教学的主体，他们有着很强的自我意识，并且对于自己的老师所组织的各种活动，他们也有很大的选择自由。比如，它在组织开展室外的音乐游戏时和我国幼儿园的做法完全是不同的。这种对教学对象的尊重恰恰最大限度地激发了幼儿的接受能力。另外，教学观念的改变也应从培养幼儿的知识和能力转向培养幼儿的素质、能力和个性。幼儿园甚至是学校的音乐教育，并不是要把他们培养成专业的音乐家、理论家，而是要让孩子们学会在音乐中得到美妙的体验，欣赏到音乐的美。因此，仅仅是将音乐知识和技能塞进幼儿的耳朵里，就像鹦鹉学舌一样，并不能让幼儿形成自己的音乐素养，不能实现教育期望的教育结果。

## （二）课堂教学模式的变化

在我国，传统的教学模式是以教师和教材为中心，学生在学习过程中被动地接受知识。21世纪是一个知识爆炸的时代，音乐教育者的工作重点已从传授学生知识转变为培养学生全新的自由人格。音乐教育的基本使命就是让学生懂得如何去感受音乐、热爱音乐、欣赏音乐、演奏与创作音乐。当前，幼儿园音乐教学模式有以下几种：

（1）讲练式。教师机械地讲，幼儿被动地做练习。

（2）讲听式。教师进行权威讲解，孩子只负责听。

（3）练习式。教师进行示范，幼儿进行模仿，并做机械练习。

在这样的课堂教学模式下，幼儿只会机械地模仿教师的示范，他们的主动性、创造性和个性特点没有得到充分的体现，并且被很大程度地忽视了，所以认知主体的重要性不能体现出来。如果幼儿在课堂上一直处在一种"消极"的状态，就很难取得预期的教育结果，这正是教育的最大缺陷。根据新课程标准提出的"以人为本"的思想，教师要改变传统的教学方式，采用交互式的教学方式，让自己和幼儿充分进行交流。教师要调动幼儿的积极性，创造一个愉快、和谐、良好的教学气氛，达到良好的教学结果。比如，奥地利莫扎特音乐大学奥尔夫学院的米凯拉·格勋娜老师在教一节幼儿音乐课时，给幼儿讲了一个关于秋季落叶飘落的小故事。这节课的教学目标有三个：一是通过对幼儿进行呼气模拟发声训练，训练幼儿的呼吸道功能。二是通过嗓音描绘树木随风起伏的声音的变化，孩子能够更好地感受到各种音高的差异。三是从身体律动中使幼儿感受到空间的变化。如果按照传统的教学方式来教学，恐怕她根本感觉不到任何的不同，就像一个机器人在学习一样，而在米凯拉的教室里，她一层一层地提问，让学生自己去探索那些有意思的东西，让他们自己去体会从高到低的音高的变化以及从高到低的肢体空间的变化，都与叶子从高到低的位置变化是一样的。幼儿为自己发现的这个特点而感到激动，并以此为荣，乐于与老师、同伴及父母讨论这个奇妙的现象。因此，以幼儿为主要对象的参与型教学方式能够让幼儿主动、积极地参与教学活动，并在学习中有所感悟。

## （三）学习方式的改变

随着新一轮课程改革，幼儿音乐教育的培养目标发生了变化。幼儿园音乐教育的变革必然会使幼儿在音乐教育中产生新的变化。这也是当前我国新一轮基础教育新课改的一个重要目的。也就是说，学生在获取"双基"（学生的基本知识、基本技能）的同时，还能够积极地进行学习，培养正确的价值观。奥尔夫在德国的教学方法就是其中之一。奥地利莫扎特大学的奥尔夫幼儿音乐课堂上，教师们的教学内容丰富多彩，教学方法灵活多变，给每个学生都带来了无限的创意可能性。这种把动作、舞蹈和语言三者有机地结合起来的教学方法，正是我们在教学中必须具备的。幼儿的想象力和敏感性是非常丰富的，我们应该抓住这个机会去引导他们，这对他们的将来有很大的帮助。如果这个时候不好好培育，就会导致失败。奥尔夫的音乐教学思想与中国"寓教于乐"的观念是相同的，都能培养学生学习观、价值观，增强学生的知识和能力，使学生的思维达到一个新的水平。世界各国都在讨论教育发展与改革，认为未来社会要求人们必须成为具备综合素质的人，这是一个共识性的结论。

# 第四章 幼儿音乐教育创新性发展与实践

## 第一节 幼儿音乐教育的目标

幼儿音乐教育的目标是幼儿音乐教育活动的引导，是音乐教育价值取向的体现。

### 一、幼儿音乐教育的总目标

幼儿音乐教育的总目标如下：

激发幼儿在日常环境与音乐艺术中发现美，深化幼儿对音乐美感表达的理解与领悟。

引导幼儿掌握基础操作，如利用简易工具和素材，通过歌曲吟唱、节奏互动及音乐欣赏等活动，提升幼儿语言和非语言思维的敏锐度以及创新思维和创意表达的能力。

在集体音乐活动体验中，鼓励个体自信展示和同伴间的沟通交流，让孩子们在共享音乐喜悦的过程中，塑造积极向上的人格特性，并持续滋养和发展他们的艺术想象力。

初步掌握运用基本道具和素材，通过歌唱、韵律活动、音乐欣赏和乐器演奏，提升语言和非语言思维、创新想象能力。

## 二、幼儿的各种类型的音乐活动目标

### （一）音乐欣赏

音乐欣赏旨在培育幼儿对多元音乐形式和内涵的好奇心，让他们热衷于分享并享受聆听、欣赏和讨论音乐表演的乐趣。幼儿在音乐欣赏活动中能建立对音乐的初步理解，形成基础的音乐观念。音乐欣赏要能激发幼儿对不同音乐形式和内容的兴趣，给幼儿带来乐于与人分享听觉、视觉和音乐表演的快乐。在此过程中，他们初步接触音乐世界，能够形成基本的音乐理解框架，通过艺术活动，如音乐、舞蹈等，积累各种艺术和非艺术体验。他们能够借助文字、绘画、动作表演等多种艺术形式，表达自己对音乐作品的独特见解、想象与情感共鸣，在既美好又有趣的音乐活动中获得身体、精神、个性、社会性的良好发现。

### （二）歌唱活动

在歌唱活动方面其目标是鼓励孩子们投身歌唱活动，尽情地享受参与其中的乐趣，不仅能在集体合唱中实现声音和谐，更能在情感交流上达成默契；引导他们深入理解歌曲歌词和旋律所蕴含的情感与意境，同时激发他们创造性地演绎歌曲。通过创造性歌唱展现他们的内心世界。在集体歌唱中，幼儿不仅要与他人声音融合，还要实现与他人在情感上的共鸣。他们能够准确地表达歌曲的词句和旋律，并运用声音表情、面部表情和身体动作与他人进行有效的沟通。

### （三）韵律活动

韵律活动要能培养幼儿感知并理解音乐、舞蹈与道具在韵律动作中的作用，鼓励幼儿在不同空间环境中自由进行创造性动作表现，激发幼儿探索道具的兴趣。幼儿能够配合音乐做出相应的韵律活动，在与他人合作的韵律活动中获得快乐，在韵律活动表演中提高与他人的交往能力。在自由流畅的身体动作中，幼儿既能复现又能创新地展现韵律，自然而然地在合作中运用动作、表情进行交流。他们能学会感受和解读韵律动作背后的故事、情感和意义，理解音乐、舞蹈和道具在韵律表演中的作用，并能在不同空间灵活地进行创意动作表现。他们在与他人的互动中，可以进一步发掘对运用道具、空间知识的兴趣，体验合作表演带来的快乐。

### （四）节奏训练

节奏训练是指激发幼儿对乐器演奏技巧和音色变化关系的好奇心，培养幼儿对打击乐器音色的理解和基本节奏的掌握，鼓励他们运用已掌握的节奏类型进行创新表达。幼儿能够对打击乐器的音色有一个清晰的认识，并能掌握常见节奏。在集体节奏乐活动中，他们能理解指挥者的指令，确保与团队的和谐及情感共鸣，以及演奏与音乐的整体协调。通过熟练地演奏乐器，他们能够在集体中创造出和谐动听、富有表现力的音乐，同时平衡个人与整体的关系。幼儿能够熟练地运用乐器进行个体或集体演奏。

## 三、幼儿音乐教育年龄阶段目标

### （一）小班

基本可以按照音乐的节奏进行一些基本的基础动作或模仿动作，做到四肢协调。在教师的指导下，能记忆和乐于为自己所熟悉的短小、整齐、重复较多的歌曲添加新的歌词。能以自然身姿及声音进行歌唱，并能对歌曲的形象、内容及情感进行基本的了解与表达。能初步学会看指挥开始和结束演奏，掌握一些简单的打击乐器的基本弹奏方法，能够根据自己所熟知的歌曲或乐曲进行有节奏的演奏。掌握几种基础打击乐器的演奏技巧，跟随音乐的节拍做基本的动作，并做到四肢动作协调。能初步了解摇篮曲、进行曲、舞曲等音乐的特征，并能体会具有鲜明特质的简单乐曲的意象与内涵。在情感上，能够引起积极的外在反应。能学习几种基本的集体舞蹈，并能体验用动作、表情、姿态与他人交流的快乐。

### （二）中班

能够根据音乐节奏做出多样化的动作组合，包括基本、模仿和舞蹈动作，并能灵活地调整动作力度和速度，以适应音乐变化。在此阶段，幼儿开始尝试理解韵律动作组合的规律。在歌唱方面，幼儿能运用不同的速度、力度和音色的变化表达歌曲的情感，区分2/4拍和3/4拍的不同节奏，并学会准确把握歌曲的前奏、间奏和尾奏。通过不同的音色、快慢的变化，将一首歌所要传达的思想与情感都展现出来。能独立学习与别人配合演唱。在集体演奏时，幼儿能保持个人节奏和固定节奏，并逐渐培养专注力，遵循指挥指示。能按照音乐的节奏进行简单的上下肢体结合的基础动作、跳舞动作和模仿动作，同时根据乐曲的变化来进行动作的强度和速度等的变化。能掌握对所熟知的节奏进行创新转变的方法，并对某些创编的节奏动作进行初步的理解。能够根据自己所熟知的歌曲或音乐，以一种特定的节奏形式进行反复表演，并且能够在集体表演时，总是维持一定的演奏速度和节奏，形成一种专注于听指挥并主动响应指令的良好习惯。

在音乐欣赏方面，幼儿具备初步的音乐辨别能力，能分辨音乐的高低、快慢、强弱等差异以及理解音乐的基本结构元素。同时，幼儿在聆听和观赏音乐作品时，注意力能够变得更为集中。了解乐句的起始与结尾，了解音乐结构中的重复。与此同时，能够在一定时间内集中精神去聆听、欣赏音乐、舞蹈作品。

### （三）大班

能运用所学到的知识进行创造性表演，并在表演时学会挑选及熟练运用几种简单道具。能主动体验以身体动作、面部表情及姿势与他人沟通的方式和趣味，并在合作演出时，勇于运用创意动作进行自我表达。能根据乐曲的节奏，较为精确地完成各类较为复杂的基本动作及舞步，在此基础上，进一步充实舞蹈动作词汇，掌握创编韵律编排的规则，掌握较难的具有创新元素的集体舞蹈。能进一步学习更多种类的打击乐器（双响管、钹等）的基础弹奏方法，学会探索音色的分类，并能在不同的演奏模式下，掌握音色、音量及节奏型的组合方式。在歌唱活动中，幼儿能够根据不同的合作歌唱要求，学会灵活调整嗓音，以适应多样化的合作需求，单独领唱、齐声合唱，甚至复杂的两声部和声。幼儿能够运用声音的速度、力度和音色变化，生动地展现歌曲的内涵、情感，敏锐地捕捉歌词和旋律的细微变化，以此来展现不同风格歌曲的独特韵味。在集体演奏表演中，幼儿能够与指挥协调一致，快速准确地对指令和手势作出回应。在集体演出时，能有意识地遵循一定的规则，并培养爱护自己乐器的意识；能辨别歌曲的音区、高低、快慢，通过对力量、节拍等变化进行直观的判定，进而把握音乐的结构，并能够辨别音乐中的反复与变化。幼儿能够运用连贯与停顿的节奏变化，体现歌曲的不同情感层次。同时，幼儿还能掌握基础的舞蹈动作和节奏感，能在集体舞蹈中融入创新元素，丰富肢体动作，并理解编排韵律动作的规律。幼儿能自信地运用道具，通过动作、表情和身体姿势与他人进行沟通交流，享受合作表演带来的乐趣。喜爱聆听生活中的不同声音，能够运用嗓音及身体语言来进行创造性的表达。能积极主动地参加集体音乐欣赏，体会到音乐欣赏的乐趣。喜爱并有信心运用多种艺术方法去表现自己对音乐与舞蹈的理解，能够从对音乐与舞蹈的欣赏中获得各类艺术与非艺术的体验。能够通过不同的速度、力度和音色的变化将歌曲的形象、内容和情感表现出来，能够将歌曲中的歌词、乐句的变化都记录下来，能够比较好地表现出不同风格的歌曲的意境。通过集体演唱，可以建立起一种初步的默契，并能运用连续的动作、舞蹈等方法表达出一首歌的各种意境。能按照各种合唱的要求来控制和调整自己的歌声，并能初步掌握齐唱、领唱、声部轮唱、合唱等歌唱表演形式。在打击乐器的学习中，幼儿能掌握三角铁、双响筒、钹等乐器的基本演奏方法，探索音色的丰富性，理解音色、音量和节奏共同构建的音乐立体画面。通过这些实践，幼儿的音乐创造力能得到全面的发展。

# 第二节　幼儿音乐教育的作用

## 一、激发幼儿对音乐的兴趣

对音乐的兴趣与爱好，是受音乐影响和音乐教育的前提。这种兴趣并不是天然存在于幼儿与音乐之间，是需要对幼儿进行影响与培养的。尽管幼儿天性喜欢音乐，但这仅仅是二者互相吸引而已。因此，我们不能忽视对这种兴趣的培养。培养幼儿对音乐的兴趣和爱好是幼儿音乐教育的第一原则。

## 二、音乐基础知识和技能是幼儿教育的基础

为了让幼儿在音乐世界中游刃有余，系统地学习音乐基础知识和技能至关重要。这些基础知识和技能包括基础的演唱和演奏技巧，它们是孩子们深入参与音乐活动的桥梁，能够使孩子们在听、歌唱、演奏等音乐活动中领略音乐艺术之美。通过音乐教育指导幼儿掌握初步的音乐知识和技能是幼儿音乐教育的首要任务，但是，知识的学习和技能的训练不能一味机械化地强调，并传授给幼儿，要从培养幼儿审美能力的角度切入，不能以一些专业训练的要求对待幼儿。

## 三、培养幼儿的音乐能力

音乐能力是音乐素质的重要方面，它包含音乐感受力、音乐表现力和音乐创造力。

音乐感受力是对音乐作品反映情感的体验能力，它能探寻音乐的灵魂。音乐表现力是指在感受力的基础上，将这种感受转化为个人声音或肢体动作的

艺术实践。音乐创造力是指幼儿建立在理解的基础上，把自己对音乐的认识创造性地表现在歌曲、舞蹈上的能力。幼儿音乐能力的发展对于幼儿能否快乐地参加音乐活动起到关键性的作用，培养幼儿的音乐能力是幼儿音乐教育的重要原则。

# 第三节　幼儿音乐教育的创新性实践

音乐教育在幼儿全面成长中扮演着至关重要的角色。美国科学家通过对爱因斯坦的脑细胞组织切片的观察发现了其"棘突触"比普通人多，大脑神经非常发达，这与爱因斯坦从小弹钢琴、拉小提琴有密切关系，这些音乐活动促进了他的音乐脑发展，扩展了他的右脑能力。正是因为爱因斯坦左脑和右脑的并进发育赋予了他更好的思考和更多的科学灵感，使他在这一科学领域取得了巨大的成功。幼儿音乐活动可以给幼儿带来实际的好处：幼儿的右脑处在活跃的状态，左脑和右脑之间的相互联系可以为幼儿的心理活动、智力发展提供良好而重要的物质基础。音乐能够对幼儿的智力发展起到积极的推动作用，能够提高幼儿的听觉、记忆和语言能力，在幼儿的想象力、情感等方面也能够发挥着极为重要的作用。音乐尤其对幼儿听力发育更为重要。幼儿的听力不但可以通过语言交流得到发展，还可以通过感知外部环境中的多种声响得到发展。从心理上讲，音乐是一种很好的声音，很容易引起幼儿的兴趣。美妙的音乐可以快速地促进孩子们的听力发育。经过长期的锻炼，孩子的听力也会得到很大的提升。幼儿在音乐活动中不仅爱好音乐内在的节拍，也喜欢记忆，记忆的内容包括歌词、曲调、韵律动作、音乐游戏规则等。培养和加强了音乐的记忆力，就自然而然地提高了整体的记忆力。

音乐对于培养幼儿的想象力与创造力有着独特的意义。这个年龄阶段是以形象思维为主、从创造性想象力转向创造性想象力的阶段。从对幼儿进行音乐记忆测试中，老师会发现，他们在进行了一系列的音乐表演后，重复播放《小猫咪》《小白兔》《小鸭子》等音乐，幼儿能根据歌曲的内容做出相应的反应。唱歌对幼儿语言的发展有最直接的推动作用。幼儿歌曲的每个歌词都非常通俗易懂，孩子们一边学会了唱歌，一边学会了一首又一首好的童谣，从而扩大了词汇量，也提高了语言艺术水平。比如，演奏一首轻快的《小火车》，很多孩子就会联想到奔驰而过的列车，跟着跳起舞来。当演奏一首悲伤的音乐时，很多孩子就会停止微笑。又如，弹奏几组琶音，让孩子去猜想这是大象、小白兔还是海浪的声音。只要是看过大海（大河）的幼儿都能说出正确的答案。幼儿在歌唱和跳舞的时候，也会即兴哼着小曲，自己即兴创作舞蹈。有的人说音乐是幼儿想象力的最大来源。音乐活动培养的想象力和创造力对于幼儿学习科学知识和从事科研实践都十分有益，科学需要想象的翅膀。优美的音乐可以对人们产生直接的影响。一切美妙的乐曲都具有强烈的吸引力。幼儿时期是情感从较低水平逐渐向较高水平发展的时期。例如，《大象妈妈的故事》《龟兔赛跑》《骄傲的小白兔》《世上只有妈妈好》等儿歌蕴含的情感对幼儿的情感发展起到了很好的推动作用。健全的情感会对人生产生积极的正面影响。例如，在《小蝌蚪寻找母亲》的演出中，幼儿能深深体会到助人为乐是一种幸福。另外，音乐对幼儿人格的培养也具有辅助功能。

幼儿歌唱活动是一种良好的幼儿音乐教育方式，与成年人的声乐教学及合唱教学存在着较大的差异。培养兴趣、发掘美感是幼儿音乐学习的主要目标。因此，教师在教学内容的选取上应注重幼儿的兴趣。在曲调方面，教师应注重幼儿的音域限度。同时，教师也要注重实际操作的可行性。《小雪花》是一支轻快活泼的儿歌，三拍子、旋律流畅、音乐素材使用简单，整曲只有6个唱名和一个八度，非常适宜中班和大班幼儿学习。它以一问一答的方式，能把"雪"这一自然界的事物生动地描绘出来，让孩子们在唱歌中了解一些自然的道理。根据幼儿唱歌的特点，《小雪花》教学可以这样设计：

活动目标是培养幼儿探索自然科学的兴趣，引导幼儿用自然优美的声音去唱歌，让幼儿体会到歌声中的快乐。

活动准备：电视、影碟机、钢琴、六面形的雪片。

操作流程：第一步是引入。让学生看关于雪景的视频，并对雪的产生进行简要的说明。

教师可以用幼儿的语调解释：雪是一种漂亮的结晶，是由于云层中的水滴凝聚而形成的。只有很少的雨滴，在这种情况下才会有雨。若云层内部及下方的气温均在0°以下，则细小的水珠便会变成晶体状，雪花则会掉落在地上。不管一片雪花多么轻盈、多么神奇，它的晶体却是规则的六角形。因此，古代有这样的说法："凡草木之花多五出，独雪花六出"。

学习新歌曲：教师用情感丰富的语言进行范唱，完成后再讲解歌曲的意思，如"小雪花怎么会在屋子里消失了？"这样就可以激发孩子们探索大自然的欲望，引导幼儿有情感地阅读歌曲，激发他们唱歌的愿望。教师可以把这首歌分成几个小节来教，让幼儿跟着一起唱歌，然后教师再加上钢琴弹奏。在学习了基本的儿歌以后，教师可以把孩子分成两个小组，让其按照各自的角色来演唱第一和第二个乐段，然后再把两个小组互换（可以用"小雪花"的组合来唱歌）。在老师的辅助下，学生一起唱歌。在拓展的过程中，幼儿还进行了"小雪花""观察小雪花""编小雪花的故事""画小雪花"的编导选拔等工作。

幼儿音乐理论活动是指对幼儿进行简单的理论教育，目的是指导幼儿进入音乐世界，并为其打下良好的基础。幼儿的乐理活动与成年人的乐理课程有很大的区别，它不能仅仅依靠理论上机械模仿记忆的方法学习，而是要运用适合幼儿的心理特点的多种教育技巧来进行艺术教育，从而使其能够获得更多的知识。乐理活动的首要目的就是提高幼儿的音乐兴趣。比如，在开始学音乐的时候，教师就应该让孩子学会唱歌。如果只是教唱歌，孩子们可能会感到厌烦。如何使无聊的事情变得活泼起来。教师可以采用以故事为指导的教学形式。例如，亲爱的孩子，老师给大家讲个故事。很久很久以前，在一片风景秀丽的树林中，有一间很好的小屋，那只母鹅带着它的八只幼鹅生活在这所小屋里。它们的名称是哆［duō］，来［lái］，米［mǐ］，发［fā］，索［suǒ］，拉［lā］，西［xī］，哆［duō］，后来鹅妈妈为它的每一个子女建造了一座小屋（也就是五线谱上的间和线）。那只母鹅天天数着自己的儿女，得意地叫着哆［duō］来［lái］米［mǐ］发［fā］索［suǒ］拉［lā］西［xī］哆［duō］。好了，谁想要当一回鹅妈妈的孩子？这样的幼儿音乐教育就比较容易被幼儿所接受。

幼儿的音乐欣赏活动既是一种审美活动，也是幼儿以音乐为媒介认知外部环境的一种思维过程。教师可以通过引导幼儿聆听音乐，感受、体验和理解音乐的过程，对幼儿进行审美教育，使其具备良好的音乐情趣和美感体验。在指导幼儿进行音乐欣赏活动时如何将音乐与画面联系起来是触动幼儿心灵的一个重要环节。比如，幼儿音乐欣赏课《小蝌蚪找妈妈》的教学设计就是从一个故事开始的。玲玲的房子前面有一条小溪，有一次她正在河边玩耍，突然发现一条孤独的小蝌蚪向她游了过去。哭着说："玲玲，我妈妈找不到了？你能帮我找到妈妈吗？"玲玲说："不要着急，让我来给你找找。"玲玲问小鱼儿："你好，你是小蝌蚪的妈妈吗？"小鱼儿回答："对不起，我不是小蝌蚪的妈妈。"玲玲问螃蟹："你好，你是小蝌蚪的妈妈吗？"螃蟹回答："对不起，我不是小蝌蚪的妈妈。"玲玲着急问爷爷怎么办，爷爷对她说："玲玲，你到对岸去问问那只青蛙，它会给你答案的。"玲玲连忙跑过去找到青蛙问道："你好，你是小蝌蚪的妈妈吗？"青蛙说："是的，我是小蝌蚪的妈妈。"此时，小蝌蚪已长成一只小青蛙，蹦蹦跳跳地说道："我来了，玲玲领我来了。"青蛙妈妈因找到了自己的孩子而非常高兴，说："谢谢玲玲姑娘。"玲玲回答道："没关系，我们是好朋友，要相互帮助。"当小朋友们对玲玲和小蝌蚪都有了很深的了解后，背景音乐响起，学生们认真地听着，从他们认真地倾听的表情可以看出，这种形式的音乐欣赏活动是成功和有效的。

# 第四节　幼儿音乐欣赏活动的创新性设计与实践

培养幼儿的音乐欣赏能力，使幼儿的音乐欣赏能力得到发展，对于今后幼儿参加音乐类活动有着很大的帮助作用。教师应了解幼儿对于音乐理解的过程，进而能了解在组织音乐欣赏活动中从哪些方向为幼儿选择欣赏材料。

# 一、幼儿音乐欣赏能力的发展

早在生命的孕育阶段，生命的敏感性就已初露端倪。胎儿在妈妈肚子第三个月时已能感知外部的声音，通过调整体内呼吸和细微动作做出回应。他们在母体内逐渐适应母亲的心跳节奏，出生后，婴儿倾向于左侧拥抱，以贴近心脏的震动，这往往能带来安抚效果。婴儿对于声音极其敏感，特别是悦耳的旋律能平息婴儿的躁动，甚至使他们在安静的情况下活跃起来。

随着年龄的增长，幼儿的音乐感知能力得到不断发展。他们能精准定位声音来源，迅速分辨微妙的音色差异，且善于模仿环境中发出的声音。例如，1岁左右的孩子对汽车的鸣笛声充满好奇，他们会模仿那连续的嘀嘀声，试图再现这一场景。幼儿在不断重复发出一些自己感兴趣的熟悉的声音的过程中，能加深对这些声音的记忆。2～4岁的孩子有喜欢模仿声音的心理现象，他们会发出各种形象性的声音，如火车声、切菜声、机枪声、铃铛声、开门声、狗叫声等。各年龄段的幼儿由于其年龄的不同和生理、心理的差异等，对同一音乐形象的感受往往有所不同，因此音乐欣赏的能力各有特点。幼儿会对声调变化表现得非常敏感。有时对他的某些行为表示不满、严肃批评他时，或者不允许他做某件事时，孩子尽管不能完全懂得大人所讲的内容，但却能从声调中感受出来，理解大人的态度，并给予反馈。

## （一）3～4岁幼儿音乐欣赏能力的发展

### 1. 关注音乐的兴趣

到了3岁，幼儿的生活体验和音乐习惯越发丰富。在这个阶段，个体对通过音乐自我表达的兴趣和潜力开始鲜明地展现出来。音乐在他们情感表达和交流中占据中心位置，他们能流畅地吟唱简单的儿歌，甚至能即兴创造旋律和短句，显示出对音乐的简单理解和创新思维。

**2．听辨音乐的能力**

这时的幼儿能够对简单的、形象鲜明的标题乐曲做到基本理解，区别不同音乐作品具有的不同性质，初步地感受到不同音乐所表现的情感。听到优美宁静的摇篮曲幼儿会自然地晃动身体，而听到坚定有力的进行曲时会不由自主地踏步、跺脚。尽管幼儿能察觉音乐速度的微妙变化，他们的身体动作能随之调整，如同步于行走或奔跑的节奏，但在感知力度上，他们尚存在不足。区分音调高低、识别音域和演奏技法差异导致的音色变化，对幼儿来说仍是复杂的任务。

**3．理解、模仿音乐的能力**

3 岁的幼儿在引导下，已经能够配合音乐进行多样化的律动和参与简单的音乐游戏，他们能敏锐地捕捉音乐性质和速度变化，从而以恰当的动作表达内心感受。

## （二）4～6 岁幼儿音乐欣赏能力的发展

**1．听辨音乐的能力**

4～6 岁的幼儿听辨音乐的能力有所提高。随着年龄的增长，他们对音乐的欣赏范围扩大，包括舞曲、进行曲和摇篮曲等，对音乐类型和风格的理解显著增强，能迅速识别具有动物元素的音乐并做出反应。幼儿能区别音乐中明显的速度变化和表情作用在欣赏音乐力度的变化，但是常常容易把强音和高音、弱音和低音机械地联系起来，因而很难理解和区分弱的高音。有趣的音乐欣赏活动还能让幼儿感知一些简单和强的低音。系统的、正确的欣赏指导可以提高幼儿音乐欣赏水平。

**2．理解、表现音乐的能力**

4～5 岁的幼儿对音乐的感受能力显著增强。幼儿能够聆听不同情感风格的歌曲，体验丰富的情感。他们的动作技能日益成熟，动作更为流畅自如，积累了许多配乐动作的经验。他们不仅热衷于动作本身，更习惯于用动作来表现音乐内涵。

进入 5～6 岁的阶段，幼儿的音乐感知力显著提升。他们能运用语言描述对音乐情感的深刻体验，认识音乐承载着丰富的思想内涵。他们不仅能准确地识别音乐的情感和特性，还能深入剖析音乐作品的细节，对音乐形象的分类也能做到游刃有余。此时，他们的动作能与音乐完美同步，手脚动作能自然顺应音乐节奏，能灵活调整动作速度，精确体现二拍和三拍的音乐节奏特征，对随乐肢体动作表现出前所未有的热情和兴趣。

幼儿园的孩子在成人有目的、有计划地教育培养之下，聆听声音及音乐作品的能力大大提高，对音色的辨别能力的进步非常明显，不少幼儿可以识别出同学和老师的音色，识别出童声、女声、男声的区别。不少幼儿对于比较熟悉的乐器传出的音色也能进行分别。有时对录音中演奏的器乐曲是用哪种乐器演奏的，或者歌曲是用何种乐器（熟悉的乐器）伴奏的也能听出来。

对音乐中音的高低、力度、速度的变化，不少幼儿也能从听得出具有明显的对比逐渐地、慢慢地发展到听得出其渐变过程，如渐强渐弱、渐快渐慢等，并能了解它们在表达音乐的思想情感中所起的作用。例如，从能听出用力关门和轻轻敲门在力度上的明显对比到能听出飞机由远处飞来了又飞远了，从能听出音乐是表示解放军在走路还是跑步到能听出小鹿跑出去和回家的音乐的快慢变化。

中大班的幼儿通过特定的活动，也能记住和分辨出音乐的简单结构，如乐句、乐段等。幼儿分辨音乐性质、体裁、风格的能力也大大发展了。对于 3～4 岁的幼儿，教师平时要注意培养他们对内容熟悉的音乐的感受，让其对于形象性强的动物活动（如小兔子跳、鸟的飞行等行为）能快速地进行乐曲识别；对不同体裁的进行曲、舞曲、摇篮曲，幼儿虽不能用术语表达，但如果问他们这段音乐是解放军叔叔在走路、幼儿在睡觉还是小朋友在玩耍时，一般都能选出最贴切的答案。如果问他们听了音乐想做什么，他们往往也能作出恰当的回答。

## 二、幼儿音乐欣赏的材料选择

### （一）按表现形式选择音乐

按表现形式选择音乐，通常为幼儿选择的音乐欣赏作品包括歌曲、器乐曲和戏曲唱段或含戏曲元素的歌曲、乐曲等。

### 1. 歌曲

歌曲作为音乐欣赏活动的素材时，其内容、象征、情感应符合幼儿熟悉、喜爱、易理解和可以接受这几点，如歌曲《世上只有妈妈好》《蚂蚁搬豆》《铃儿响叮当》等。或者是一些优秀的、经典的具有浓郁地方色彩的儿歌、童谣故事片和动画片主题曲、网络幼儿歌曲等，如河北民歌《小白菜》、新疆民歌《娃哈哈》、藏族民歌《我的家乡日喀则》、电影《护士日记》的插曲《小燕子》、西班牙儿歌《请来看看我们的农庄》等，其歌词简单形象，幼儿可借助歌词内容理解和记忆音乐。

### 2. 器乐曲

器乐曲作为音乐欣赏的素材，教师应选择结构单纯、编曲工整、长度适中或由经典歌曲改编的器乐曲。器乐曲又可分为标题音乐和无标题音乐。对幼儿而言，更容易理解一些具有一定内容情节的音乐，具体描述某件事情或情景的标题音乐更能让幼儿喜爱和记住，如《龟兔赛跑》《彼得与狼》等，较无标题音乐来说，标题音乐具有意图性和戏剧性，更能激发幼儿的想象和联想，也便于教师在设计教育教学活动时能够找到幼儿熟悉和喜爱的形象。除此之外，旋律优美、节奏鲜明、结构单纯工整、长度适中的无标题音乐也是幼儿音乐作品，如圣－桑的《动物狂欢节》组曲，通过节奏的变化，旋律的变幻，组合成一个富有动感的韵律乐章，勾勒了一个个活灵活现的动物形象，让幼儿通过对作品内容、风格、情感的把握和理解，引起情感上的共鸣，因而也成了适合幼儿的音乐欣赏作品。

因许多中外著名音乐作品过长或结构过于复杂，教师需要为孩子重新打磨，进行一定的节选、加工或改编处理，只有将复杂的结构删减压缩为短小简单的结构，才能使幼儿容易接受，如德国作曲家奥尔特的《钟表店》，原作结构是"引子—A—母—A—过渡—C—A—尾声"，在压缩和删减时，教师为小班幼儿删减为"引子—A—尾声"，为中班幼儿删减为"引子—A—B—A—尾声"，为大班幼儿删减为"引子—A—B—A—过渡—C（保留C段中慢板部分，其他删掉）—A—尾声"。音乐作品在经过重新编排后，篇幅变得短小，结构变得简单清晰，使幼儿能够更容易理解，有助于幼儿欣赏音乐作品，提高幼儿听觉能力，扩大欣赏范围。

3．戏曲唱段或含戏曲元素的歌曲、乐曲

地方戏曲是某一地区早年间流行的音乐形式，每一个曲种都有鲜明的地域标签，它能反映该地区的民风民俗、地理人文，集文学、音乐、舞蹈、武术、杂技表演等为一体，是我国一块具有综合性传统民族艺术的文化瑰宝，在幼儿音乐教育中"弘扬民族艺术，培育民族精神"是必不可少的一部分。在音乐欣赏活动中，教师可根据各地特色选择适合幼儿身心发展的戏曲片段或含戏曲元素的歌曲、乐曲等，如黄梅戏《春晓》《对话》、豫剧唱段《刘大哥讲话理太偏》、京剧唱段《卖水》《都有一颗红亮的心》等，以及含戏曲元素的歌曲、乐曲《说唱脸谱》《冰糖葫芦》《北京的桥》《对花》《龙拳》等。

## （二）按年龄班级选择音乐

1．小班

歌曲内容生动，主题鲜明，具有情节性。刚入幼儿园的幼儿对表现小动物的歌曲比较喜欢，对小动物动作的声音，或叫声的音乐，或小动物都比较青睐。教师可将中、大班幼儿将要学唱的歌曲作为小班幼儿的音乐欣赏。器乐曲选择要形象单一、鲜明、有标题，如《打歌》和乐曲《排球》《大象与小鸟》等，最好具有两种以上声音，如军号声、马蹄声、小鸟叫声、火车鸣笛声、汽车喇叭声等。

2．中班

歌曲仍应占主要地位，但其内容、性质、表现形式较小班相比要多样化。乐曲比重可以适当上调，音乐长度可以适当增长，音乐形象可以丰富一些，但要贴近幼儿的日常生活经验和聆听、理解能力的发展水平。除振奋的进行曲、活泼愉快的舞曲、安静的摇篮曲、优美的抒情曲外，幼儿还可欣赏一些篇幅较长、形式较复杂、情感较复杂的叙事性乐曲。教师在选择音乐作品时需对音乐作品长度进行裁剪。

3．大班

随着年龄的增长和音乐欣赏水平的提高，大班幼儿在听觉方面已积累了一定经验，并具有较敏感和敏锐的听觉辨别能力。因此，大班音乐欣赏活动的内容要相对比较宽泛，音乐作品中的节拍、节奏要复杂化，具有戏剧性，情感上的表达也要更加丰富。

# 三、幼儿音乐欣赏活动的目标

音乐欣赏在幼儿期不仅发挥着开阔音乐视野，丰富音乐经验，发展想象、记忆和思维能力的作用，也发挥着培养幼儿听觉的敏感性和建立良好的倾听习惯，促进独立人格和个性的和谐发展的作用。幼儿音乐欣赏活动的目标通常分为两个大部分：一部分是音乐欣赏活动的总目标，另一部分是按照幼儿年龄分别制定不同的活动目标。活动中，教师应先完成总目标中的相关内容，再从幼儿实际出发，完成各年龄阶段目标。

## （一）音乐欣赏活动总目标

1．认知目标

（1）形成初步的音乐感知和理解能力。

（2）理解音乐作品的表现方式。

（3）认识和区分不同的音乐作品，具有音乐记忆力。

2．技能目标

（1）幼儿在这个过程中逐渐积累音乐素养。

（2）提升他们在欣赏音乐、舞蹈表演中的感知能力。

（3）学会运用语言、文学、艺术等手法来表达个人情感。同时，他们还需培养专注力，学会带着情感静心聆听音乐，提高音乐欣赏和理解的能力。

总的来说，教学策略应侧重于激发幼儿的兴趣，引导他们深入体验音乐，并通过实践和探索逐步提升他们的音乐欣赏和表达技巧。教学策略应发展幼儿专注欣赏、用心聆听和感受音乐的习惯，发展他们的艺术思维能力和创造性艺术表达能力使他们能够初步理解并积累一定的音乐语汇，如音乐基本要素中音的高低、长短、强弱等，并在具体音乐活动中进行应用，如用不同类别的多种表现方式来表达，如简单的美的语言、具象的绘画、优美的肢体动作等表达对音乐作品的理解认识、想象、情感体验和初步欣赏的审美活动。

3．情感目标

幼儿音乐欣赏活动的情感目标包括能够体验并努力追求倾听音乐、观赏舞蹈作品的快乐，分享聆听、观赏及谈论音乐舞蹈表演的快乐；愿意参与音乐欣赏活动，享受、体验聆听音乐作品过程的快乐，对音乐形式、内容、风格有较广泛的爱好；具备情感表达能力及自我情感调控能力，能在音乐过程中尝试与同伴交流和配合，共同协作表达对音乐的感受和理解。

## （二）各年龄班幼儿音乐欣赏活动目标

1．小班

（1）能够感受到一些结构短小、形象简单的歌曲，能够感受到音乐的外在形象、内在情感，随着音乐做出相应的动作反应。

（2）能够在短时间内专心聆听喜欢的音乐。

（3）能初步辨别音乐作品中明显的速度、力度、音区的变化。能初步辨别进行曲、舞曲、摇篮曲的不同。

（4）在保持一定兴趣和注意力的情况下能安静地聆听音乐。

（5）能初步感受结构短小的歌曲或有标题的器乐曲所表现的简单而鲜明的音乐形象和情感，并能利用表情、动作或语言等表达自己的想法。

（6）喜欢倾听周围生活中的声音，并喜欢用动作和声音来模仿。能分辨出平常接触的乐器所弹奏出的不同音色，如响板、串铃、钢琴等。

（7）能初步理解音乐故事中的简单情节和音乐形象，并能配上相应的动作。

（8）喜欢参加集体的音乐欣赏活动，并积极尝试和体验音乐欣赏过程的快乐。

2．中班

（1）能够感受到一些结构短小、性质鲜明的歌曲，根据乐曲的内容及表现的情感，产生联想，用动作进行反应。

（2）喜欢欣赏音乐、观看表演，在欣赏的过程中保证一定时间的专注力。

（3）能辨别音乐作品中较明显的速度、力度和音区变化。能用恰如其分的肢体动作、简单形象的语言和具象的绘画表现欣赏过程中的感受与理解。

（4）能简单地用语言描述进行曲、舞曲、摇篮曲的特征。能说出内心的真实理解，不粉饰。

（5）能够安静地、注意力集中地倾听音乐。

（6）能感受对比鲜明、结构简单的乐曲音乐形象、内容和情感，辨别出乐曲的段落、乐句、旋律走向等元素，并说出自己的音乐感受。

（7）能对摇篮曲、舞曲等具有初步了解，感受这些音乐的风格与特性。

（8）能够辨别生活中的声音，使用自己的方式进行模仿与表达。能听辨更多常见乐器的音色，知道一些常用乐器的名称（小提琴、手风琴、鼓、沙球等）。

（9）能听形象鲜明的音乐故事，并随音乐表演故事也能把听到的音乐讲成故事。能运用舞蹈、艺术等形式来表达音乐情感和风格。

3．大班

（1）能初步感受特征鲜明且结构合理的歌曲，由此歌曲产生联想，并能够用动作进行反应。

（2）能积极主动地参与集体音乐欣赏活动，能安静地聆听音乐。

（3）能较准确地判断音乐作品中速度、力度、音区的变化，对音区的变化和对音乐的结构开始有所了解。

（4）能用语言、各种肢体动作表达出对音乐的情感，展现幼儿对音乐理解的自信和理解。

（5）能对进行曲、舞曲、摇篮曲有更深层的理解和辨别。

（6）能养成安静地、注意力集中地聆听音乐的习惯，不受他人和周围事物的干扰影响。

（7）能够听辨出进行曲、摇篮曲和各种舞曲的性质与风格，能更加广泛地欣赏不同体裁、不同地域文化的音乐。

（8）能把音乐欣赏活动作为快乐的享受和生活的需求。

## 四、多样化音乐欣赏活动的组织与设计

幼儿音乐欣赏是一种以聆听为主的音乐教育教学活动。教师在组织音乐欣赏活动时，在完成培养幼儿的听觉感知能力的基础目标外，还要帮助幼儿开发其他感官通道，借助歌唱、韵律、舞蹈、乐器、游戏、文学、观赏或绘画等创作方式与音乐欣赏相结合，使幼儿对音乐有一个更好的感受，并丰富和加深所听到的音乐内容。幼儿音乐欣赏活动的前期准备工作需完成选择音乐作品、分析音乐作品、音乐材料加工、教具准备等步骤。

### （一）幼儿音乐欣赏的组织

1. 音乐材料分析和组织

幼儿音乐欣赏活动前，教师需要进行前期准备。教师首先要对活动所选择的音乐作品进行深入透彻的分析，即主要分析音乐想展现的内容、意境、情感等，分析音乐结构、强弱、速度、音色、节奏等，掌握幼儿欣赏水平和欣赏经验，把握音乐作品中幼儿容易感兴趣和理解的内容，对幼儿难以掌握的内容可以根据全班整体接受能力的强弱，进行适当的授课。

2. 音乐材料加工工作

在幼儿音乐欣赏课上选用的音乐作品应篇幅短小、结构简单工整、幼儿容易理解与记忆。教师需根据幼儿的欣赏水平和能力，在分析音乐作品的音色、结构、风格、性质等特点基础上，对一些篇幅较长、结构较复杂的中外经典优秀音乐作品进行适当的删减或压缩，优化后的长度一定要适合幼儿的生理特点，避免在活动中出现大面积的幼儿注意力不能持续集中的情况。教师要对选用的素材足够熟悉，能熟练地背唱所用歌曲或音乐的旋律。

### 3．教具准备工作

教师要根据音乐作品内容准备活动中要使用的教具和学具、道具、音像等辅助性材料，吸引幼儿聆听音乐的注意力，帮助幼儿直观地理解音乐作品。

## （二）幼儿音乐欣赏活动设计

### 1．"动机—片段—整体"音乐欣赏模式

对于音乐结构较复杂主题的形象独立、鲜明的音乐作品，教师可从音乐片段切入到活动中，教学节奏应是循序渐进式的。教师需从作品中整理出比较有特色的内容，明确音乐作品的表达要素，如曲式构造、动态变化、速度控制、乐器特色以及旋律和节奏的特性，这些都是构建幼儿音乐欣赏能力的基础。同时，教师应充分了解每个孩子的音乐欣赏能力和经验，以此来设定教学的重点和挑战点，并组织、引导幼儿进行创造性表达。

### 2．"整—分—整"音乐欣赏模式

对于结构紧密、简单、清晰的音乐作品，教师可采用从整体入手、分层深入的音乐欣赏教学模式。教师可用幼儿对音乐作品本身感兴趣的点来引出主题，如可采用语言或图片等教具向幼儿详细介绍音乐欣赏作品的主要内容。教师在组织幼儿作品的过程中，同时可以使用直观教具或图片。当音乐含有多个乐段（或歌曲含有多段歌词）时，教师可以提出要求，组织幼儿讨论，分段聆听，使其感知和体验音乐作品的细节。在进行音乐作品的分段聆听时，教师可以组织幼儿再次完整地听这段音乐，并带领幼儿跟随音乐做出相应的肢体动作，鼓励幼儿采用不同的方式，自由地跟随音乐表现与表达。教师组织幼儿反复听整首音乐作品，通过不断改变参与的方式和要求，引导、帮助幼儿深入、细致地感知和体验音乐作品的形象、意境。

### 3．与各种辅助材料相结合的音乐欣赏模式

音乐作品与辅助性材料相结合是为了突出地向幼儿提供容易理解的相应的形象性符号，从动作、语言、视觉三个方面组织材料，帮助幼儿感受在表现相同情感、内容、结构下不同艺术形式中的共同点。在组织幼儿进行音乐欣赏

时，教师还可以将音乐与肢体动作、语言、图片、幻灯片等视觉材料以及游戏、乐器相结合。

4. 与肢体动作相结合的音乐欣赏模式

首先，教师设计一套与音乐性质、要素或结构相关的情境线索，引导幼儿创编动作；其次，配合幼儿自发创编的动作或动作组合，由教师配合幼儿随乐表演，引导幼儿深层感知音乐；再其次，组织幼儿聆听音乐，教师用已编排成熟的舞蹈动作表现音乐内容，幼儿可模仿教师动作，同时，引导幼儿随机创作新的舞蹈动作，并由教师现场编排，跟随音乐进行练习；最后，结合幼儿创编的动作和音乐体验，达到感知与欣赏音乐的目的，如欣赏圣-桑的《动物狂欢节》中第十三首乐曲《天鹅》时，可引导幼儿用肢体动作展现不同天鹅高贵优雅的姿态和安详浮游在湖面的情形，让其感悟大提琴奏出美丽迷人的旋律，加深对作品的理解，等等。

5. 与语言相结合的音乐欣赏模式

教师可以根据音乐作品的内容选用合适的故事、散文、诗歌童谣或歌词，并随乐富有情感地朗诵或演唱。在音乐教学过程中，教师可以通过融合视听元素和简单肢体动作，激发幼儿对音乐的直观感知和理解。比如，教师可以通过先讲述文学故事，再配以音乐，将特定的节奏型、旋律元素或乐句作为引导，引导幼儿进入音乐情境。这个环节的关键在于选取引人入胜且能引起幼儿兴趣的主题，让幼儿在互动中逐渐领悟音乐的内涵。对于幼儿能容易理解的歌曲，或者是幼儿耳熟能详的内容，教师可安排组织幼儿学习配乐朗诵或歌唱或学习其中某些简单部分。有些文学材料或歌词中的某些部分，教师可以安排幼儿独立进行创编，在这一过程中教师可引导幼儿进行创编活动。最后，教师可以播放完整的音乐，并带领幼儿一起朗诵或演唱音乐作品，使其感知、享受和体验音乐带来的情感与美好，如在《倒霉的狐狸》音乐欣赏活动中，可以将文学作品《母鸡萝丝去散步》与挪威作曲家格里格的《在山魔王的宫殿里》结合在一起。

6. 与视觉材料相结合的音乐欣赏模式

教师为幼儿营造直观的视觉气氛，可以将其标签化和符号化。教师可以利用工具帮助幼儿进行艺术创作，如图片、幻灯片、卡通片或直观教具等。教师可以引导幼儿感知、理解和掌握音乐的性质、旋律、节奏特征、曲式结构等。教师可引导幼儿对音乐作品有一个初步的理解，然后通过艺术作品的形式将其具象展现。这能有效地激发幼儿大胆想象与创造能力，同时促进幼儿之间的分享与交流。例如，在欣赏幼儿音乐作品《春雨》时，教师可以让幼儿根据自己观察到的春天的雨，随音乐自由想象创作"春雨的颜色"等。

7. 与游戏乐器相结合的音乐欣赏模式

教师依据音乐作品内容创编游戏或创编打击乐曲，并通过游戏或打击乐器演奏活动，引导幼儿初步感知和理解音乐。幼儿参与创编的程度应依据活动内容的难易程度和幼儿身心发展能力来决定。让幼儿与音乐欣赏活动全程的互动不仅仅是被动地接受教师提前设定的内容。这样能最大限度地激发幼儿对音乐的兴趣，并能激发其创造力和与其他幼儿交流的能力。

## 五、幼儿音乐欣赏活动的指导要点

音乐可以直接反映出人们的现实生活与自身的思想情感。音乐欣赏活动可以让幼儿在生活经验的基础上感受到音乐的魅力，但是，现实情况是幼儿并不具备大量的生活经验，以支撑其欣赏音乐。所以教师应该在计划中为幼儿设定情景，并用多种方式引导幼儿通过开发多感官通道来欣赏音乐。

### （一）创设生动有趣的情境，将幼儿带入美妙的音乐世界

兴趣是最好的老师。这种兴趣能激发内在驱动力，重塑态度，强化决心，塑造人格。对于学习而言，兴趣如同引路明灯，唯有浓厚的兴趣，才能点燃探索的火焰，催生敏锐的洞察力。幼儿的天性犹如一张白纸，对世界充满无尽的好奇与活力，他们渴望探索未知。因此，开展音乐欣赏活动应以激发孩子的兴趣为首要任务，点燃他们对音乐欣赏的渴望，这是教育永恒追求的主题。在音乐欣赏活动中，教师要从幼儿需求的角度出发，创设幼儿喜爱的故事与游戏，使幼儿在不知不觉中被吸引；激发其在探究中感受音乐的兴趣，使其在潜移默

化中提高音乐欣赏能力。

### （二）引导幼儿感知、体验音乐作品

美国作曲家艾伦·科普兰在其著作《怎样欣赏音乐》中阐述了欣赏音乐的三个维度：一是纯粹的听觉体验，二是感受音乐的情感共鸣，三是深入理解音乐的理论内涵。这三个层面并非孤立，而是相互交融，可以形成一个动态发展的过程。由于幼儿的年龄特征、身心发展、知识经验和音乐经验等诸多因素的阻碍，其在音乐欣赏活动中几乎无处不在。在对音乐的感性体验时，幼儿可以通过聆听的方式。结合幼儿园音乐教育具体情况与幼儿自身特点，音乐欣赏活动可以通过视觉、听觉、触觉、语言、知觉等多种感官通道来有效促进幼儿感知、体验音乐作品形象和情感。因此，在教学中，教师可以借助歌唱、律动、打击乐演奏、朗诵文学作品、观赏或创作艺术作品等活动方式，引导幼儿积极参与其中，表达对音乐的感受。例如，在音乐欣赏教学实践中，我们有时会遇到这样的情况：面对深沉且节奏缓慢的音乐，幼儿可能不易产生兴趣，然而，如果能通过动画中的笨拙熊随着音乐移动，或者引导他们模仿大熊的动作，就能巧妙地调动他们的感官参与使他们的兴趣和激情立即高涨，并很快对音乐有所记忆。再如，当让幼儿一动不动地坐着听一段描写小鸟的音乐作品时，他们会觉得枯燥无味，但让他们随乐学着小鸟飞翔时，一下子就兴奋起来。由此说明，在进行音乐欣赏活动时，多元感官的运用在音乐欣赏中至关重要，它能帮助幼儿更全面、深入地感知音乐。这意味着，仅仅依赖聆听作为音乐欣赏的全部内容是不够的，应当巧妙地融入直观教学，激活幼儿的视觉、触觉等，使之与听觉协同作用、共同参与，从而真正提升音乐欣赏活动的深度与广度。

### （三）给幼儿充分的机会和空间进行主动创造

教育家苏霍姆林斯基曾经说过，幼儿在心灵深处渴望自己是一个探索者、发现者和研究者。幼儿天生好奇、好动、好胜、好问、好探究、好独创，他们的思维天马行空，喜欢追求与众不同，满足自己的表现欲望，彰显自己的个性。这正是培养幼儿主动创造意识的基础。依据美国教育家杜威的

教育思想"从做中学"以及布鲁纳的教育理论，教师应为幼儿提供充足的活动环境，引导其应用各种感官，通过实践操作、探索、体验音乐的节奏、音高速度、力度、曲式等音乐表现手段，在此基础上进行创造性音乐表现。因此，在音乐欣赏活动中，教师应充分给幼儿创造机会、留出空间，让其独立地对音乐做出反应。例如，对于肢体动作的表现，教师不用为幼儿规定动作，应任幼儿自由地选择动作，幼儿选择的动作的幅度不可过大，要配合音乐主题，以防止分散自己聆听音乐的注意力，增加自己反应负担，降低愉快体验的水平让幼儿能充分地表达自己对音乐的感受；在语言反应能力方面，应鼓励幼儿用比喻性、象征性、描述性的语言表述，同时具有一定语音语调，随着音乐旋律抑扬顿挫，表达对音乐的感受；在视觉反应能力方面，教师应提供形象、易懂的艺术作品帮助幼儿理解音乐，或者通过组织幼儿参与绘画创作来帮助幼儿体验、感受音乐作品，教师应尊重、了解幼儿的主观意识和顺应其心理需求，努力创造条件，给予充分发展的空间，使其得到不断完善和发展。

### （四）教学语言提示引导幼儿对音乐作品的理解

教学语言是传递知识、交流信息的媒介，起着直接沟通教与学两方面的作用。在幼儿欣赏音乐的过程中，教师应经常采用教学语言提示的方法引导幼儿对音乐作品的理解，即谈话法引起幼儿注意，使其能全神贯注地听。教师应以音乐作品内容为中心，辅以恰当的形式充分地调动幼儿审美功能的直觉力和利用知觉思维想象的认知理解。教师应用言简意赅的语言提示出要点，起到一个初步提醒幼儿的作用，使幼儿能注意到音乐中不易辨别的地方，激发幼儿兴趣点，便于幼儿理解，鼓励幼儿用自己的语言表达对音乐的感受，发散幼儿的思维。同时，教师应鼓励幼儿间小范围的具体答案和小范围的交流，以便于他们通过小组的方式进行对话讨论。

### （五）比较在音乐欣赏活动中的应用

比较是把内容相似的事物彼此联系在一起，并以此辨别异同的思维方式。

在相对抽象的音乐欣赏教学活动中运用比较进行教学，不但有利于教师进行音乐欣赏活动，也便于幼儿接受。比较的方式可帮助幼儿区别不同的音乐情感、性质、体裁和风格，使其从对乐曲的感性认识提升至对乐曲的理性认识。例如，在音乐元素（音色、音高、力度、节奏等）的比较上和在相同题材的比较上，把握音乐主体元素和掌握题材可有效强化幼儿对音乐的敏锐感知，促进幼儿对不同音乐元素的丰富构成产生积极、浓厚的学习兴趣。中、大班年龄段幼儿已欣赏过较多的进行曲、摇篮曲和舞曲，在教学中，教师可有意引导幼儿进行比较，掌握这三种乐曲的特点。同一首乐曲的不同部分也可进行对比式欣赏，从节奏、旋律上进行速度、力度等对比，使幼儿感受乐曲的细微变化。又如，在音乐语言比较中，音乐语言（速度、力度、调式、调性、和声、配器等）的各种要素互相配合，可以使音乐具有千变万化的表现力。教师可以让幼儿学会音乐比较的方法，使其在音乐欣赏中能主动进行知识迁移，培养幼儿独立欣赏音乐的能力。

## 六、幼儿音乐欣赏活动的内容

细心地聆听、倾听音乐与一般的"听"不同，它是有意识地、集中注意力地"留神听"，要有情感的参与，以达到理解、欣赏音乐。欣赏是一种技术，也是一种能力，我们需要有意识地去培养它。幼儿在音乐欣赏活动中如果不注意倾听，则会使音乐流失、时间浪费，幼儿在欣赏能力提高上也会无所受益。为了培养幼儿的倾听能力，教师需要在幼儿日常活动计划之中突出各种培养途径与培养方法。一种行之有效的方法是借助游戏的形式，并利用各种场合、时间与幼儿共同发现、探讨周围环境中发出的各种音响，如歌曲中的男声、女声、童声，下雨和雪天气中滴滴答答的雨声和沙沙的雪声，火车经过时的轰隆隆声，等等，以此去培养幼儿的倾听能力。

### （一）积累声音素材和经验

幼儿经过亲身体验具体声响，在理解和欣赏抽象音乐创作时能够更快地领悟其深层含义。从早期开始培养倾听能力，有助于幼儿敏锐地捕捉生活中的各种声音，为他们未来欣赏音乐作品奠定坚实的基础。

1．倾听人体发出的声音

教师可以引导孩子们参与模仿练习，如模仿掌声、踏步声、拍腿声以及不同嗓音的发音。例如，教师可以组织一个传递秘密信息的游戏，让孩子们围成圈，悄悄对第一个孩子说话，然后通过孩子们的逐个传递的方式，让最后一位孩子复述听到的内容，观察信息传递过程中是否有变化。

2．倾听日常用具的声音

教师可以通过击打或摇动声音特质不同的样品（如小木棒、钥匙串等），让幼儿能仔细听辨它们的声音。比如，幼儿根据教师发出的声音找出相应的图片和连续发出几种不同的声音看谁找得又快又准。

3．倾听周围环境的声音

周围环境的声音是来自自然界与社会生活的各种声音，如马蹄声、火车和飞机的隆隆声等，教师上课、小朋友说话的声音，撕纸、翻书的声音哗哗声，小朋友拍手、风吹树枝摇动的声音，脚踏落叶的沙沙声、大跳绳等各种活动的声音，等等。

## （二）感知音乐元素和作品

1．感知音乐元素

从单个的音到音乐各元素均是聆听的内容范围。音乐的感知对象是音乐的音响，它可以是单一的声音，如分辨声音来源、声音高低、声音强弱、声音长短、声音色彩等；也可以是流动的音乐，如音乐的快慢、音乐的节奏、音乐的旋律、音乐的和声、音乐的调式、音乐的曲式结构、音乐的情感等。音乐的节拍、韵律、音色等不同侧面经过大脑的综合感知、领会、想象和思考，对于音乐艺术的形象和内容就能在情感上达到理解和共鸣。

2．欣赏音乐作品

为幼儿提供丰富多彩的音乐作品进行赏析是幼儿音乐欣赏最主要的内容。具体作品类型有：

（1）适合幼儿学习的幼儿歌曲和优秀的中外少年幼儿歌曲或成人歌曲，如《二小放牛郎》《半个月亮爬上来》《让爱住我家》《数羊群》等。

（2）由歌曲改编的器乐曲，如由青海民歌《花儿与少年》改编的《小动物看表演》等。

（3）专门为幼儿创作的简单器乐曲，如《龟兔赛跑》《小狗圆舞曲》等。

（4）专门为幼儿创作的音乐童话剧片段，如童话剧《白雪公主》《小红帽》、普罗科菲耶夫的《彼得与狼》等。

（5）中外著名音乐作品或其中的片段，如《梁祝》中的《化蝶》片段、《土耳其进行曲》《水族馆》《喜洋洋》《春江花月夜》等。

（6）舞蹈中的乐曲，如《苗鼓》《土家族摆手舞》《茅古斯》和《巴塞罗那奥运会》等。

（7）歌舞剧、木偶剧中的乐曲，如《孤独的牧羊人》《三只小猪》等。

（8）其他，如《夫妻贿》片段、河南豫剧《花木兰》中的片段《谁说女子不如男》、影视作品卓别林在《匈牙利舞曲第五号》学理发的片段等。

# 七、幼儿音乐欣赏活动的组织与指导

## （一）音乐欣赏活动的准备工作

### 1. 备音乐材料

在组织音乐欣赏活动前，教师应深入剖析选定的音乐作品，在倾听音乐的音响前提下，分析音乐传达的主题、情感色彩、音乐旋律、节奏特点、曲式构造、音量变化以及乐器特色等。当看到所要欣赏的音乐题材表演难度不大时，教师可以自己完成演唱或弹奏，这样幼儿会感到更加亲切、更容易接受，而且教师熟练而富有表现力的演唱、演奏也便于幼儿欣赏教材中的某些细节或者对片段进行对比分析。这就要求教师在课前做好充分的准备，确保演唱、演奏的感染力和艺术水准。

## 2．备材料与环境

教师要事先检查好必备的教学用具和设备，如琴、录音机、磁带、CD（小型激光盘）、电源等，并对所需操作的设备要提前熟悉。对于教学辅助用具，如实物教具、操作的道具、工具等，教师也应准备妥当，放在易于取放的地方，便于自己和幼儿使用。这些教学辅助用具在不使用时，教师最好将其收藏好，让幼儿有种神秘感，也避免在活动中分散幼儿的注意力。教师还要布置墙饰等环境。

## 3．备幼儿的经验

教师在组织音乐欣赏活动时必须了解幼儿已具备的经验，这是让幼儿感受音乐作品的基础：一个接触过雪的孩子在欣赏有关雪花飘时，能够通过多感官通道来感知和表现音乐。日积月累可以不断增长生活经验，所以教师要有计划地在教育活动中增长幼儿的生活经验。

### （二）引导幼儿欣赏音乐作品

音乐作品的历史背景可以让幼儿完整地将乐曲进行欣赏。教师在幼儿欣赏音乐作品时，可以对所听音乐提出相关的问题，如"你们在听音乐的时候发现前后的速度有什么变化""你们仔细看看短片中都做了哪些动作"等，从而帮助幼儿初步了解音乐作品的主要内容和情感性质，引发幼儿兴趣。以欣赏乐曲《水族馆》为例，教师可以用故事导入的方式告知幼儿音乐中发生的事情，并引导幼儿充分想象水族馆中的水草和小鱼还可能发生一些什么其他的事情。或者以"我走你停、我停你走"的游戏方式，即教师先"走"，扮演 A 段中的水草，幼儿后"走"，扮演 B 段中的小鱼，初步让幼儿感知乐曲的整体风格及曲式结构。总之，在讲解音乐时，教师应围绕作品所塑造的形象进行，语言简洁明了，旨在激发幼儿的想象力，过多或复杂的描述可能会分散他们的注意力，削弱音乐对他们吸引力的重要性。

### （三）对音乐作品的反复感知

在这一阶段，教师除了要让幼儿了解作品的核心内容和情感基调，还需让他们体验音乐表现手法的情感表达，全面、细腻地感知音乐，并记住和识别作品的主要旋律线条、节奏模式、风格特征。对音乐作品的反复感知应体现出幼儿参与方式和要求的多样性，不能只对乐曲进行简单重复的聆听。如果音乐作品较长且有明显曲式结构，教师可以采取分段欣赏的方式，如《小狗圆舞曲》乐曲是复三部曲式结构，表现了小猫可爱调皮的样子，小猫的叫声、下滑音的装饰让人觉得音乐诙谐幽默，在音乐的最后是小狗的叫声把小猫吓跑了。对于无明显结构且较长的音乐作品来说，教师可以采用便于分段欣赏的方式，在每次整段欣赏时应对幼儿提出不同的要求，如班得瑞的《寂静山林》曲调经教师改编后将整首音乐的主题定位在《海浪》，教师要求幼儿可移动，与同伴合作全身心表现海浪，提出相关的要求。这样做一方面是为了加深对作品内容及音乐的理解，另一方面是为了教师可以对教学中存在的不足进行及时的纠正和弥补。

## 八、指导幼儿音乐欣赏活动的方法

### （一）参与法

语言在音乐欣赏中的作用有很多，其包括师生谈话、语言提示、讲述音乐故事、随乐编词等语言参与的形式，如引导性谈话，在幼儿听了音乐以后，教师可以提一些问题，让幼儿谈谈对作品的印象和感受。教师可以围绕音乐的教学目的进行提问，结合音乐作品的具体内容，依托幼儿已有的经验与知识，使幼儿有可能回答以下提问："音乐从头到尾是否都一样？什么地方不一样？怎么不一样？"比如，在《龟兔赛跑》中，A 段与 B 段音乐的速度是否一样？乌龟和兔子赛跑时的形态特征是否一样？再如，语言提示法，在听音乐的过程中，教师传递的信息要做到形象、贴切，要让幼儿熟悉和了解音乐作品。教师可以用简短、明确的语言提醒幼儿注意音乐的变化，提高幼儿欣赏音乐的兴趣，引导幼儿深入地欣赏音乐，如《拨弦》中音乐的速度是渐快的，教师可以提示幼儿："听！音乐有什么变化了？""听音乐快起来了，你们要怎么样呢？"教师对于个别重点部分可以分别提示。

## （二）动作参与法

在音乐欣赏中，幼儿会借鉴以前的感受来参与音乐，这是他们感知、理解音乐非常自然、非常重要的途径之一。在幼儿音乐欣赏中，无论是教师提前设计好的动作，还是幼儿即兴有感而发的动作，都对幼儿感知音乐有着极其重要的意义。

## （三）视觉参与法

视觉参与法是指运用图谱将音响表象化变成能看到的音乐，如《啤酒桶和小老鼠》《啤酒桶波尔卡》。由于动画片的音乐与画面的结合往往十分贴切、巧妙，因此动画片的故事情节及画面能够帮助幼儿自然而深入地感受音乐所表达的情感内容，如《幻想 2000》中的《巫师学徒》。

## （四）乐器参与法

乐器参与法是指为所欣赏的乐曲配上合适的打击乐器，使幼儿不仅能跟随音乐敲打，更能深入地参与音乐活动中。

## （五）道具参与法

直观教具可以是实物，也可以是玩具，如布娃娃、抱枕等。它可以帮助幼儿形象地理解和感受音乐，如扬琴独奏曲《春到清江》，教师摆弄蝴蝶指偶，蝴蝶上下左右摆动的速度及力度是由音乐强弱、快慢来决定的。

## （六）表演玩耍法

表演玩耍法是指多听音乐讲故事，然后随音乐进行故事表演。它是比较常用的欣赏方法。如果能增加随乐玩耍的元素，这个音乐会受到所有孩子的喜欢。

**案例分析：**

### 大班音乐欣赏活动《狮王进行曲》

作曲家圣–桑的《动物狂欢节》通过经典的音乐为一代一代幼儿讲述故事。

一、活动目标与关键经验

（1）能感知音乐的不同层次与结构，感受乐曲的音乐形象；

（2）能随音乐进行表演，体会音乐情境；

（3）能用打击乐器表演音乐形象，同时感受管弦乐丰富的表现力。

二、活动准备

（1）活动材料：音乐播放设备、CD或磁带、打击乐器（鼓、串铃、响板、沙球、三角铁）、幼儿用书的图谱。

（2）环境创设：在阅读区投放动物狂欢节的图片和故事材料。

（3）经验准备：幼儿认识几种西洋乐器，教师对乐曲结构非常熟悉，并能哼唱主题音乐旋律。

三、活动过程

1. 请幼儿倾听和欣赏音乐

（1）播放音乐，请幼儿安静倾听，听完后让幼儿讲一讲听到了什么，对音乐的感觉怎样。

（2）为幼儿简要介绍演奏音乐的管弦乐队情况，并引导幼儿感受管弦乐丰富的表现力。

2. 结合图谱为幼儿讲一个关于狮王的故事

这个早晨，大森林格外的寂静、肃穆，今天要发生什么事情吗？小鸟飞上了树梢去瞭望四周，打探情况。"注意啦，注意啦，狮王正朝这里走来。"随着狮王慢慢接近这里，小动物们越来越心惊胆战，小鸟也逃似的飞走了。

走在最前面的是狮王的卫队，他们举着旗子，走着正步，庄严肃穆，狮王边走边指着两旁的小动物们训话："我就是森林之王，你们都要听我的。"他一遍一遍地说着，看见小动物们没有回应，摇摆着头问道："听到没有？"王后跟在狮王后面也在反复讲："他就是林中之王，你们都得听他的。"小狮子们也纷纷地说："是啊，听他的，听他的……"

3. 引导幼儿讨论音乐中出现的动物形象和动作

小鸟、卫队、狮王、王后、小狮子，他们都是怎样的形象？用怎样的动作可以表现他们的形象呢？

4．鼓励和启发幼儿随音乐进行集体表演

教师鼓励幼儿自愿选择音乐中出现的角色，随音乐进行表演。（不愿意参与的可以当观众）。

5．引导幼儿为音乐中的形象选择打击乐器，并利用乐器练习演奏，随音乐摇

卫队——鼓，只打强拍。

狮王——鼓、串铃、沙锤、响板、三角铁等所有乐器在第一主题中只打强拍；在第二主题中的"狮吼"摇响乐器。

王后——响板，每拍打两下。

小狮子——三角铁

最后狮吼，所有乐器敲或摇。

6．鼓励和引导幼儿进行综合表现

（1）调动全班幼儿参加。表演组：五种角色自选，每个角色人数不限；乐器组：五种乐器自愿选择。

（2）每次表演选出一名小指挥。

相关经验

语言：用描述性的语言讲音乐故事。


# 第五节 幼儿韵律活动的创新性设计与实践


## 一、幼儿韵律活动能力的发展

在音乐性质辨别方面。幼儿可以通过音乐表现手段，如高音与低音、快板与慢板、音乐力度、音乐节奏、音乐音色等，把动物的形象表现出来，如熊的身体庞大、行动迟缓等。身体小巧、音色稍轻的小鸟的形象，就需要高音区

柔和的或不同风格的摇篮曲、进行曲、舞曲，学前音乐表现手段也是各有特点的。用正确的方式感受到这些特点鲜明、风格迥异的音乐，需要借助于身体动作，假如幼儿在聆听熊走路音乐的同时，并随着音乐模仿熊走路的样子，这时他们会把自己当作一只胖乎乎的大熊，迈着坚实沉重的脚步，一步一步缓慢地向前移动着硕大的身躯。他们可以通过随音乐所做出的慢速、用力的动作，更好地感受音乐中的速度、力度等表现手段。

在音乐想象力和创造力方面。幼儿通过音乐引发的想象活动，如扮演熊、兔、解放军或参与植物生长、机械运作的场景，可以培养他们的音乐想象思维和创新能力。这些活动是他们想象力启蒙和发展的主要途径。

在动作协调性方面。学龄前阶段是幼儿动作技能迅速发展的时期。他们通过学习和模仿基础舞步，以及有节奏的身体运动，能锻炼大脑神经对动作的控制能力和全身协调能力，即他们不仅能在拍手、挥手等简单动作上保持同步，还能在跑、跳及复杂动作中保持手脚和眼神的协调。

在节奏感方面。节奏感方面的发展是幼儿韵律活动能力的重要方面。人类天生就有感受节奏的本能。比如，新生儿自从出生那刻起，他的生活就被各种节奏围绕。平时，母亲对他的耳边私语声里有长有短；拍着他入睡的节奏总是渐渐变缓；婴儿醒来时和母亲玩拍手游戏的节奏也在不断变换；他玩听响的玩具时，能摇出不同的节奏，生理活动，如心跳、呼吸等也具有一定的节奏。母亲应关注婴幼儿感受生活中的万般事物的节奏。24个月的孩子可以进行音乐创作与创新；3岁左右的孩子开始尝试将日常动作，如拍手、行走与音乐节奏相融合；4岁以后，他们能更自然地随着音乐进行简单的模仿动作和舞蹈，能复刻并创造简单的节奏。以拍手听音乐为例，幼儿的节奏感发展经历了三个阶段：

第一阶段：动作与音乐不合拍，音乐主要作为背景存在。孩子们在听到音乐时，往往未能真正地按照节奏行动，而是将音乐视为一种信号，通过身体动作来响应，即一放音乐就要求做出拍手动作。就像用语言说出"拍手"这一词的作用差不多，这时音乐只不过起着一个附庸的角色。幼儿见了琴声就知道该拍手了，于是连续不断地、比较快速地拍了起来，动作既不合拍也不均匀。如客人来了表示欢迎，看节目后表示感谢，或者对某个小朋友的行为表示赞赏时所做的拍手的动作，这时尽管大家的背景音乐是一样的，但每个人拍手的速度却快慢不一，听起来此起彼落、混乱不堪。其中也会有个别幼儿由于在家中或托儿所中接受过音乐教育，节奏感较好，有时能有合拍的动作。

第二阶段：尽量做到动作合拍。3岁左右的幼儿开始学会聆听音乐，试图同步自身动作，尽管在教师引导下能形成拍手跟随音乐的习性，但他们还难以精准地控制节奏，有时会出现动作与音乐脱节的情况。例如，有的孩子可能两拍一次，有的可能一拍或半拍一次，初期可能还能跟上，但随着音乐进行，协调性会逐渐变好。

第三阶段：动作自如、合拍。进入到这一阶段时，幼儿动作的协调性也有大幅改观，不再需要高度集中注意力，动作不再那么僵硬，能比较有弹性、张弛有度，表情也显得放松了很多。有的孩子还能在拍手的过程中，顾及一些其他的细节，而停止拍手活动，如因鼻子忽然发痒而去摸摸鼻子，或是因为自己的衣服翘起来了而去理理衣角，或是发现手绢没有塞好伸手去把它塞入口袋，等等。当他们做完这些事情再回过头来拍手时仍能合上拍子，但有个别幼儿距离这个阶段还需要进行相当一段时间的训练才能达到。即使是在拍手过程中能合拍的幼儿，若要他们听音乐合拍地做一些需要手脚协调的动作，还是有一定困难的。只有在大脑对肌肉动作的控制能力、平衡能力有一定发展的情况下，才能产生能较自如、合拍地随音乐上下肢协调动作。动作的发展对节奏感的发展是有一定影响的。另外，对小一些的幼儿来说，乐曲的速度也是影响他们动作能否合拍的一大原因。如果乐曲速度过快或过慢，即便是之前有一定基础的幼儿，也难以适应节奏、动作合拍。这一现象发生的一个原因是幼儿音乐经验不足，主要是与幼儿控制调节动作的能力还不够完善有关。随着幼儿年龄的不断增长，幼儿大脑控制动作能力跟随音乐活动也在不断发展，他们的节奏感也会越来越强，但是不同的幼儿之间还是存在个体差异的。

## 二、幼儿韵律活动能力的材料选择

### （一）律动方面

律动不仅是对于简单动作的模仿，还要将动作与音乐的节奏进行合拍。对于律动教材的选取，教师要做到从幼儿的特点出发，不仅要充分考虑幼儿的动作发展水平，还要充分考虑该年龄段幼儿对所选用的音乐能否接受、理解，也就是说，教师应使动作与音乐紧密结合。

动作方面：2～3岁的幼儿，已经能随着音乐的节拍（不合拍）晃动身体或手臂，但他们晃动的速度往往随意、没有节奏，他们的动作与音乐的节奏也很不搭调。此年龄段的幼儿小肌肉动作、联合性动作发展得还不好。因此选用的动作要简单化、单一化，手脚并用的动作尽量不要选择，如打鼓。以后选用的动作可以是手脚同时做的动作，如拍手、点头等，开始只是让幼儿坐在椅子上活动，只做手的动作，然后过渡到边走边拍手的上下肢配合的动作。3～4岁的幼儿，动作能力得到初步发展，动作也比以前灵活、协调，而且基本上可以跟随音乐的节奏做动作。这个阶段，教师可以安排他们做一些稍复杂的动作，如在音乐伴奏下变换队形（横排、纵排）、转动手腕等。5～6岁的幼儿，控制能力和节奏感较之前都有大幅提高，动作已经基本上能和音乐一致，大部分幼儿都能辨别出音乐的基本节拍，做动作时能配合音乐节拍的速度来变换自己动作的频率。这时，他们的动作可以加大难度，相应复杂些，如手腕花加上踏点步、交替步等舞步。手脚的配合动作的复杂性和美观性、动作的方向变化的多样性、上下肢节拍的差异性可以进一步培养和提高幼儿对音乐的感受能力及动作的协调性。

音乐方面：音乐是幼儿动作的信号和依据。幼儿动作的节拍节奏都要根据音乐来进行，因此在选择活动的音乐素材时，教师要特别选用一些节奏鲜明、形象性强、旋律流畅且优美、能引起幼儿活动意愿的音乐。小班的幼儿不仅尚不具备快速动作的能力，而且在热衷于一边哼唱一边做动作的阶段，所以对小班或水平低的班级，教师应选用速度较慢、曲调便于哼唱的音乐，让幼儿开始尽量跟随音乐的节奏，感受到音乐的节奏，跟着音乐转到自己的动作，如随着《打电话》（二拍子）的音乐拍手、晃动身体。教师还可以选择轮换播放一些相似的音乐，提高幼儿对音乐的感受能力和兴趣，使幼儿每当听到这类音乐时，就会做出相同动作的反应，如可以把《打电话》的音乐换成二拍子的、中速的音乐，幼儿还是会做听音乐拍手、晃动身体的动作。中大班的幼儿已经初步掌握了区分音乐的能力，也具备了欣赏音乐经验。在教学中，教师可以改换不同类型的音乐，逐步使幼儿能按音乐的节奏、节拍的特点，速度、力度的变化做出相应的动作。例如，教师在弹奏或播放音乐时，要求幼儿听二拍子音乐做"踏点步"；听三拍子音乐做"三步"；听四拍子音乐做"前踢步"，然后二拍子、三拍子、四拍子的音乐轮流播放，检查幼儿是否能及时改变动作。

随乐律动方面：3岁前幼儿的随乐动作能力有了一定的发展，能够初步跟随音乐控制自己的动作。3岁左右的幼儿伴随着节奏鲜明的音乐能够自发地点头、跳跃、转圈、摇摆等。3岁以后，幼儿随音乐运动时身体还不能完全做到合拍，因此，教师只能选择适宜的音乐速度去适应幼儿的动作节奏。到了3岁末期，在教师良好的指导下，幼儿会尝试根据音乐的特点努力使自己的动作与音乐节奏相一致，使动作的速度逐步变得均匀，但这种均匀往往又表现出不稳定的特点，很难在长时间里保持。

## （二）舞蹈方面

舞蹈是形体的艺术，幼儿舞蹈的目标是让幼儿可以用舞蹈动作表达自己对音乐作品的感受，抒发内心的情感，从而获得美的享受。因此，舞蹈教材的选择要参考幼儿舞蹈教学大纲，从幼儿的年龄特征、心理特征、生理特征、实际接受水平出发，选择有教育意义的、容易实现的、内容丰富多彩的幼儿舞蹈教材。小班的舞蹈动作队形与律动一样，要简单化、单一化、多重复，多采用模仿动作或歌唱表演形式，如开火车、小鸟飞蹦跳步等。在音乐的细节上，不要一个舞步长期搭配一首音乐，同一舞步可以交替用类型相同的音乐。舞蹈细节要相应的复杂些，可以进行踏点步、踏脚、圆圈的练习，也要有多种变化，如音乐的性质和情感、动作可以更细腻地表现音乐的多样化、音乐力度和速度的变化。

### （三）创编与表现方面

这一年龄阶段的幼儿在动作创新与展现阶段开始展现出初步的感知和实践能力。幼儿能够依据音乐的节奏变换动作，快节奏时动作敏捷，慢节奏时则表现出平稳与细腻。他们甚至能够运用抽象概念，如模仿动物和植物的姿态，通过肢体语言来表达自我理解。他们在韵律活动中有了初步合作协调的意识，能够主动追求和同伴一起跳舞的快感，能够通过简单动作、表情和眼神与同伴进行初步交流。

## 三、幼儿韵律活动的目标

韵律活动着重培养的是幼儿身体与音乐结合的能力。教师在组织活动时，应使幼儿达到以下目标。

### （一）幼儿韵律活动的总目标

#### 1．认知目标

能够感知、理解韵律活动中简单道具的使用，并用其表现活动的主题和意义。对于韵律活动所需要的要求能够理解，如交往需求、合作需求等，能够做到在韵律活动中与别人进行交往和合作。能够理解在活动中合理占用空间的意义，知道如何运用空间进行创造性的动作表现，并在活动中做到主动与他人一起合理使用空间。能够初步理解韵律动作与音乐的关系，尝试感受所表现的内容、情感和意义。能够尝试运用创造性的动作、语言和表情进行表现和表达，明确使自己的动作与音乐相协调的方法。

#### 2．技能目标

能够创造性地选择、制作和利用道具，并能够运用简单的道具。能够运用比较简单的舞蹈动作，展示内心情感。能用身体动作或可敲打的物品敲打节拍和基本节奏。能够在合作性的韵律活动中运用动作、表情与人进行交往、合作。能够对自己的身体做到合理控制、收放自如，使韵律动作比较协调，用肢体动作再现和创造音乐的形式表现。

### 3．情感目标

能够积极用身体动作和表情探索、表达自己对音乐的理解，在与他人合作的动作表演活动中获得交往、合作的快乐。培养幼儿有做人为先、感恩之心、服务社会的个人品质。喜欢并积极参加韵律活动，并在各种韵律活动体验中感受到快乐。喜欢探索、运用道具和空间知识，并为探索和能创造性地使用感到满足。

### （二）幼儿各年龄班韵律活动目标

#### 1．小班

能根据音乐节奏做简单的上肢或下肢的大动作，并能随音乐的变化而变化动作；能学会一些简易的基本动作、模仿动作；能学习简单的歌舞表演和音乐游戏。

#### 2．中班

会一些稍微复杂的动作、简单舞蹈动作和集体舞，能体会创编一些简单韵律动作的乐趣。

#### 3．大班

能学习具有创造性的一些较精细、稍复杂的韵律动作，学习音乐游戏和韵律动作组合。

## 四、多模式、多样化韵律活动的组织与设计

幼儿韵律活动的方式是变化最多的、模式最丰富的。教师在组织活动之前应当了解幼儿的需求，采用多样化的教具，结合不同形式来开展活动。

### （一）幼儿韵律活动的组织

#### 1．配合韵律活动的教具选择

为吸引幼儿保持对韵律活动的兴趣，教师可选择适当实用型小教具，即选

择幼儿熟悉的生活用品做教具。通常来说，教具在幼儿韵律活动教学中并不是必不可少的，但是由于幼儿的生理特征（如幼儿的动作方向感弱、空间方位感差、动作与音乐结合能力不足等），其对事物的专注力持续时间不会太长，选择一些巧妙的、简单的小教具会取得较好的效果。例如，在需要分辨左右的韵律活动中，教师可在幼儿的手腕或脚腕戴上象征性的教具（手腕花、手带、小纸贴等），在教学中只需要用参照物来提醒幼儿就可帮助其辨别方向；在地面上贴圆圈或某种标志也可以起到这种作用。

2. 幼儿韵律活动的空间设计

幼儿的思维能力和经验范围非常有限，常常表现出一种"以自我为中心"看待客观事物的倾向，即不能从别人的角度去识别空间方位，对左右的识别尤其如此。因此，在幼儿韵律活动组织环节，教学中的空间设计需要精心处理。教师要充分了解孩子们对于空间的识别能力，制订合适的方案。

## （二）幼儿韵律活动的设计

通常的韵律活动设计从三个方向开始，即设定故事情景、教师示范、教师引导创编。我们这里要颠覆传统，从新的视角出发，为教师们探索出了四种新的设计方式。

1. 从节奏儿歌开始

幼儿园儿歌普遍具有节奏感强、篇幅短小容易记住和理解，内容简易、道理浅显的特点。节奏是构成韵律活动的框架，是引领幼儿了解音乐、听懂音乐的基本要素。节奏在幼儿的韵律活动中有着举足轻重的地位。幼儿一般对节奏比较敏感，教师可以根据主题内容选择一些比较适合的儿歌，从节奏儿歌入手，到读动作，最后到韵律活动，层层推动幼儿对活动内容的理解以及幼儿动作的发展。

2. 从图谱理解开始

音乐活动中经常运用的辅助教学工具是一种信息源，也是一种记忆材料。它可以让幼儿在音乐材料的潜移默化中学到知识，充分吸引幼儿在活动中适时、适当地运用图谱。例如，在出示韵律动作时，教师可以出示功夫"宝典"，使幼儿充满对多变的魔术一样的兴趣，为活动增添一份神秘感的同时，也可以让幼儿大胆发挥想象，理解图谱所表达的意思。活动中的图谱出示分两个部分：

（1）简单图谱用于集体识别"虎拳""蛇拳"的环节；

（2）组合图谱用于小组合作操练的环节。

看图谱排练熊猫拳可以促使幼儿自己动脑，使幼儿注意手脚的动作配合以及图谱中的拳和掌、站和蹲的动作区别，更好地发展幼儿的观察比较能力，让幼儿的思维处于最佳状态，从而积极思考，自觉接受新知识。

### 3．从情境引入开始

营造一种轻松愉悦的韵律活动氛围，能激发幼儿对运动的兴趣，使他们视韵律活动为一种乐趣。情境是情感与环境的结合体，情感涵盖人的行为和心理状态，环境则强调外在世界的构造和自然属性。在幼儿园，情境不仅涉及内部的时间和空间设计，还包含教师的行为举止、态度以及情感表达。适度的情境创设能激起幼儿参与活动的兴趣。"雨中漫步"活动流程设计如下：

（1）说雨——让幼儿能够进入情境：说说雨天你们会做些什么？（穿着套鞋踩雨、听雨的声音等）；

（2）看雨——让幼儿熟悉旋律节拍，听着节奏用转头、眼神做看的动作，为掌握脚上的基本舞步节奏奠定基础（抬头、转头）；

（3）雨中漫步——让幼儿随着音乐的伴奏在场地中尝试滑步的步伐。

### 4．从动作体验开始

通过动作体验，幼儿不仅能够积累丰富的动作语汇，也能够不断提高幼儿观察、探索、创编等学习能力。动作体验可以来源于幼儿本身的原始创作，也可以来源于教师的示范、幼儿的模仿。

（1）由动作创编开始。例如，"猴子学样"活动是从幼儿创编猴子的各种动作开始的，教师可以通过提问以"猴子会干什么"来引导幼儿自由创编猴子的各种动作。

（2）由动作模仿开始。例如，"炫炫舞"活动从模仿动作开始，教师先讲述一个故事，然后由故事情境启发动作，如恭敬地问候、模拟购物的乐趣、表现出大汗淋漓的快乐、内心充满喜悦的表现。在初步模仿之后，教师要逐步引导幼儿掌握动作的节奏感，尝试动作的变化，最终让孩子们在音乐的伴随下自由创作。幼儿不仅是在活动、探索、学习、游戏，更多的是体验自主参与的氛围。教师要做的是更多地关注幼儿、追随幼儿。在韵律活动中，传统教育思想侧重于主流舞蹈动作的整齐划一、规范协调，却忽视了幼儿在活动中的情感态度和倾向。其实，教师更应注意的是幼儿的活动过程，不是结果，做对了动作，仅仅是给了幼儿鼓励，而学习互动的过程才是幼儿最享受的部分。所以，教师应当在教学过程中为幼儿提供更多的帮助和引导。

**案例分析：**

**中班韵律活动《鞋匠舞》《嫩芽长出来》《猴子爬树》《猜拳游戏》等**

一、《鞋匠舞》

（一）活动目标

（1）幼儿能够学会歌曲，能够跟随着音乐的节拍做绕线、钉鞋钉等简单的动作。

（2）幼儿能够体会到乐曲带来的劳动的愉快情感。

（二）活动的准备：乐曲《鞋匠舞》音乐磁带

（三）活动流程

（1）激发情感：教师充满情感地演绎歌曲，讲述鞋匠的故事。

师："有一位忙碌的鞋匠，他每天都为他人缝制鞋子，让我们聆听他是如何工作的。"

（2）深入理解：教师引导幼儿回顾歌曲内容，感受歌曲中的欢乐氛围。

师："鞋匠是怎么制作鞋子的？他使用了什么工具？"

师："你觉得他是个快乐的鞋匠还是悲伤的？为什么？"

师："现在，让我们一起扮演这位快乐的鞋匠。"

（3）学唱歌曲：教师带领孩子们反复练习歌曲1遍至2遍。

（4）创编动作：教师鼓励幼儿根据歌词内容设计动作。

师："我们要做快乐的鞋匠，快乐鞋匠如何绕线、拉线和钉鞋钉呢？"

（5）动作演示：教师提炼并指导幼儿跟随音乐同步进行绕线、拉线和钉鞋钉的动作。

（6）节奏掌握：教师着重训练幼儿按照音乐节奏准确地执行动作。

（7）表演提升：在幼儿熟练动作后，师生共同配合音乐表演，鼓励他们展现鞋匠愉快的工作状态。

（四）活动的反思

（1）本次活动帮助幼儿学会随着音乐节奏进行绕线、拉线和钉鞋钉的动作。

（2）通过活动，幼儿学会了通过表情和歌声表达鞋匠的快乐心情。

二、《嫩芽长出来》

（一）活动目标

（1）根据音乐想象嫩芽和生长新叶的情状。

（2）结合音乐感受和想象，并用肢体动作大胆表现嫩芽的生长过程。

活动重点：用肢体动作表现嫩芽情状。

活动难点：结合音乐大胆表现嫩芽的生长过程。

（二）活动过程

1. 芽怎样长

（1）春天来了，树枝上的嫩芽长出来了，你们知道树枝上的嫩芽是怎么长出来的吗？它是怎样长成绿叶的？

（2）启发幼儿想象自己是一个芽苞苞，用动作表现发芽的过程。教师以肢体和充满活力的神情，引导幼儿表现。

2. 绿绿的嫩芽长出来

幼儿听教师弹奏一遍音乐，教师告诉幼儿这段音乐讲的就是嫩芽长出来的事情。我们再仔细地听一遍音乐，想一想芽苞苞是怎样长成嫩芽，又怎样长成一片新的绿叶的呢？听了音乐，我们好像看见：芽苞苞长出来，一点一点长成了嫩芽。嫩芽抬起头，太阳照着它，暖洋洋的。嫩芽又仰起头喝雨水。就这样嫩芽慢慢长成了一片绿绿的新叶子。我们再仔细听一遍音乐，想想嫩芽生长的样子。

（三）活动反思

教师引导幼儿感受音乐，使幼儿能注意乐曲前半段和后半段的不同。当音乐响起时，小朋友躺在地上，随着音乐慢慢从地上抬起头，然后边扭动身体边站立起来表演。在个别表演中请幼儿上来表演，这动作代表嫩芽从地上发芽慢慢长成绿叶。每个孩子都有丰富的想象力与感受美的创造力，对他的表演予以了充分肯定。其他小朋友们也自由创作，使他们的创新意识强烈起来。其次，在鼓励和肯定孩子们表演的同时，教师也展示自己的创编动作。教师用语言、动作提示幼儿注意音乐的变化，根据音乐的变化表现嫩芽的生长过程。

请一些表现力较强的幼儿商定用哪些动作进行表现，并进行表演。

三、《猴子爬树》

（一）活动目标

（1）根据音乐性质，较合理地匹配猴子爬树和从树上滑下来的动作；学习听音乐的上行节拍，并有节奏地做猴子爬树的动作。

（2）根据生活经验，创编各种猴子玩耍的动作。

（3）散点活动时，学习找空地方进行游戏。

（二）活动过程

（1）复习学习过的韵律活动"盖房子"。

（2）引导幼儿根据生活经验，创编各种猴子的动作。

师：你们去动物园时最喜欢什么动物？猴子会做什么？我们一起来学学看。（教师有意识地引导幼儿创编猴子爬树、猴子玩耍、猴子从树上滑下的动作，并与孩子一起练习各种动作。）

（3）引导幼儿注意聆听乐曲的前后部分，根据乐曲匹配动作。

师：大家听，猴子往上爬树适合哪一段音乐？哪一段音乐适合猴子从树上叽里咕噜地滑下来？（教师用有节奏的、渐强的方法弹奏乐曲的前面部分，用快速、连续的音阶弹奏方法表现乐曲的后面部分，以帮助孩子有效地匹配和练习。）

（4）幼儿学习随乐曲中间部分自由创编做各种"猴子"动作。

师：小猴子除了爬树还喜欢玩。来，我们一起随这段音乐学学小猴子。（教师反复弹奏乐曲的中间部分，及时反馈部分幼儿的创编动作，鼓励孩子积极参与。）

（5）幼儿完整练习韵律活动。

师：小猴子告诉你们，这儿有很多的大树，我们一起来爬树吧！（教师指导幼儿在活动室里散点找空地方，然后一起完整地玩"猴子爬树。"）

（6）结束语。

师：小猴子们，我们再到别的地方去玩玩吧！

（三）活动反思

活动让幼儿能够很好地感知、理解、表现音乐，使幼儿有一种很重要的能力，但是对于我们小班幼儿来说，辨别音高不是一件容易的事情。因此，把"小猴子在树上玩耍"这部分音乐提前，先让幼儿充分感知中音区的音乐；接下来出现上行、下行的音乐，幼儿在心里就有了比较，分辨上行、下行就显得不那么突然了。幼儿能够感受到乐曲带来的情感变化，通过自己夸张的身体语言，根据乐曲创编爬树、下树、玩耍等动作，可以把自己愉快的情感投入到乐曲的律动中。

四、猜拳游戏

（一）活动目标

（1）幼儿动作能够衔接音乐节拍，能够通过听音乐进行跑跳步动作。

（2）能够与同伴一起跳舞。

（二）活动准备

（1）教师组织幼儿开展玩猜拳的小游戏。

（2）教会幼儿跑跳步的基本方法。

（3）准备好录音机、录音带等。

（三）活动过程

1．感受旋律

（1）教师组织幼儿欣赏乐曲。

（2）引导幼儿为乐曲伴奏。

（3）引导幼儿随乐去做跑跳步动作。

2．集体游戏

教师示范舞蹈跳法。教师在教学中引入一项独特的互动环节，要求每位幼儿在音乐停止前选择两位同伴。当音乐最后一拍，参与的幼儿通过石头、剪刀、布的游戏决定邀请者身份。规则明确，若出现分歧，未被选中的幼儿将接过邀请者的接力棒；若达成一致，原邀请者则可以继续进行。

3．动作说明

（1）1～8小节：邀请者边拍手边跑跳前进，当到8小节时，站在圈上两个幼儿前面，选定为被邀请者。

（2）1小节：邀请者右脚跟点地，右手摊开做邀请状。

（3）2小节：右脚和右手还原。

（4）3～4小节：动作要求同1～2小节，但是方向恰好相反。

（5）5～8小节：三个幼儿做手拉手动作并围成圆圈，逆时针绕圆圈跑。

（6）9～10小节：三个幼儿进行猜拳游戏，如有不同，则不同的幼儿做邀请者；如相同，则需要原邀请者继续作为邀请者。

（四）活动反思

在教学过程中，教师要注重幼儿的表现，保护幼儿的自尊心，鼓励幼儿大胆表现自己的创编动作。


# 第六节　幼儿节奏乐活动的创新性设计与实践


幼儿节奏乐活动是指教师指导幼儿随音乐的节奏打击乐器的教育活动，是打击乐活动。节奏是音乐的生命与本源，是音乐的元素，而节奏乐活动是提高幼儿音乐感知能力的有效途径。节奏乐活动可以帮助幼儿对乐器演奏知识有初步的了解与掌握，发展幼儿的音乐节奏感和幼儿对音乐的音色、曲式结构、声部的感性体验，有助于培养幼儿与其他孩子的合作意识、合作能力、责任感等社会品德。

# 一、幼儿节奏乐演奏能力的发展

打击乐器是因击打或碰撞而发声的乐器，按照材质可分为金属类、木质类、皮革类。打击乐器作为幼儿园音乐教学内容之一，不仅能帮助幼儿发展大肌肉和小肌肉，还能使幼儿在愉悦地参与中初步掌握乐器演奏的一般知识和技能，培养节奏感，培养幼儿的合作、创造、组织、纪律、责任的意识和能力。节奏感是人类与生俱来的一种能力，如人体的呼吸、脉搏的跳动、走路时为保持平衡摆动的双臂等。幼儿在出生时已经表现出对音乐活动的极大兴趣，在日常生活中，他们往往对发出的声响有极大的兴趣，他们渴望弄响它，也有强烈探索欲望。他们会利用长短高低的碗、盖、盆等来探索、感知声音，这正与幼儿较正规的打击乐演奏活动有很多相似之处，所以在音响、音色特点上具有一些共性。这些乐器在使用时可以相互补充或替代，教师应按乐器的音响特点来分类教学。

## （一）强音乐器

### 1．大鼓

大鼓是一种筒状的用皮革包裹的共鸣箱，是人们敲击鼓面皮革或鼓边从而引起振动且发出声音的常见乐器。敲击大鼓的中心不仅会产生一种浓厚的音色，还会伴随着较长的、延续的尾音；敲击大鼓的鼓边则会听到音色脆且单薄的声音，伴随的延续音则较短。

### 2．小锻

小锻是铜制的，配一软质打槌。敲击锣面即可发声，音量随敲击力量的大小而改变。其音色明亮，有一定的延续音。它一般可以用在强拍的伴奏上、以突出节奏、渲染气氛。用手掌握住锣面即可停止延续音。

### 3．单面鼓

单面鼓因只在鼓框架一面蒙羊皮而得名，装有一手柄。使用时一手握鼓柄，一手握鼓棒，通过敲击鼓面中心部位而发声。由于皮革单薄，敲击时不能用力过大、过猛，否则鼓皮容易破裂。

### 4．小镲

小镲由一对铜制圆盘组成。通常直径大的叫钹，小的叫镲，由两镲片互相击打发声。其音色响亮，有一定的延续音。由于演奏方法的不同，产生的声音效果也不一样，有撞击、磨击可手提单片铁，用打棍单击。如要止音，使用者可将擦片贴在身上或者用手捏住镲片。

## （二）弱音乐器

### 1．圆舞板

圆舞板形似蚌，两个一副，将两块中间凹的木质圆形板用松紧带系在一起。使用时将圆环状的松紧带套在中指上，拇指与另一手掌中拍打发声击发响；也可一手持两舞板，在另一手掌中拍打发声。

### 2．串铃

串铃是在马蹄形握柄上固定几个小铃，音色较碎，音量较小。使用时手持握柄，上下有节奏地抖动或连续抖动，也可左手握串铃，右手拍击左手背使其发声。

### 3．碰铃

碰铃又称小铃，是一对形似小钟的铜铃，顶端有系孔，用系绳连在一起，互相碰撞发声，故又叫撞钟。其音色清脆、明亮，在打击乐器中属高音乐器，可以表现音乐的强拍和弱拍。

### 4．沙锤

沙锤是在球形壳内装铁砂，配有手柄，两只一副。外形似锤状的叫沙锤，外形似筒状的叫沙筒。使用时需要双手各自握着一把沙锤，进行上下抖动的动作，这样使得铁砂在沙锤的球体内来回滚动，并发出"沙沙"的声音。

### 5．三角铁

三角铁因钢棍弯成一角开口的等边三角形而得名，打棍也是钢制的。三角铁的演奏方法通常有以下两种：

（1）左手抓住悬挂三角铁的绳子，右手则要用金属小棒有节奏地敲打三角铁的底部；

（2）在三角铁的内部，用金属小棒敲打三角铁的左右两边，也可以转圈的方式敲击三角铁的各边，这时就会产生激烈的音效。

### 6．棒镲

棒镲有三根细长棒，中间一根较长，手柄与两旁短棒之间嵌有几副金属小镲片，有的是木片（板）制成的，称为板镲，是木制与金属的混合音响乐器。使用时右手握柄，左手拍击右手，使镲片碰击木框架发声，音量小；亦可双手各握一只，摇动发出声响，就像"摇摇响"一样。

### 7．木鱼

这种乐器的形状像鱼，用木头刻制而成，从构造来看，头部开口、中间空，一般会配一个木制的打槌。演奏时，演奏者一般会左手持"鱼的尾部"，右手拿着木制的打槌，有节奏地敲打"鱼头"的顶部，发出声响。

## （三）特色乐器（音色适宜营造欢快明亮的气氛）

### 1．铃鼓

这种乐器主要是将塑料或皮革包裹在金属材质的小钹的木制围框上。使用者可以用手指敲击塑料或皮革，通过抖动手腕、摇晃铃鼓，发出声音。铃鼓的音色兼有鼓、铃的特点。铃鼓的演奏方法主要有以下几种：用手掌敲击铃鼓的鼓芯，发出的声音比较柔和。手腕连续抖动，则能够产生颤音效果。用手掌敲击铃鼓的鼓边，发出的声音明朗干脆。用鼓面敲击自己的身体部位，则发出的声音比较明显。

### 2．响板

这种乐器主要是由三块贝壳状的硬木板通过松紧带相互连接而构成的，通过两块木板的互相撞击以彼此引起的振动而发出声音。使用方法有两种：一是手握手柄将响板平放上下挥动，可单击，也可连击；二是握响板的手在另一手掌上震击，此法只可单击。

### 3．蛙鸣筒

这种乐器主要由一节木头或毛竹构成，在筒身雕刻多道楞子，并且会配一根木制的打棍。蛙鸣筒的演奏方法主要有两种：一是左手握着蛙鸣筒的握柄，右手则握着木棒进行刮奏；二是直接用棒进行敲奏。蛙鸣筒的音色像青蛙鸣叫的音色。

### 4．双响筒

双响筒的手柄在中间，两头是开口，锯口长的一端是低音，锯口短的一端是高音。双响筒的演奏方法通常是左手握着手柄，右手握着小棒进行敲击，可以敲击双响筒的一端，也可以同时敲击筒的两端，这样就可以发出类似"嘀嗒""嘀嗒"的声音，它的高低音一般会相差五度。

## （四）旋律乐器

### 1．木琴

木琴是有固定音高的打击乐器之一。它由若干长短不一的硬木音条按音的高低顺序排列组成，并配有一副形似小勺的木槌。敲击音条就可发音，可单槌单击，也可双槌单击、轮击、刮奏等。琴音清脆嘹亮，弱奏时又柔和、甜蜜、玲珑可爱，是演奏幼儿乐曲的特色乐器。

### 2．铝板琴

铝板琴是有固定音高的打击乐器之一。它由长短不一的铝板条或钢片组成。每根音条上刻有音名（固定调的唱名），按基本音级顺序排列，固定在一个梯形木制共鸣箱上，并配有一副有橡皮头的音槌（金属小槌）。直接敲击音条就可发音。有单槌击打、双槌轮击、滚奏、刮奏等奏法。音色清澈如银铃，属色彩性乐器，用以描绘崇高的意境或梦幻、仙境等。

### 3．电子琴

电子琴分为两种：立式和便携式。便携式电子琴易学习，可供学习和演奏两用，因而受到普遍的欢迎。电子琴可以分为玩具琴、练习琴和演奏琴三大类，便携式电子琴就是其中一种。其模拟乐器声逼真，和弦伴奏丰富，因而幼儿园常用。

一些幼儿园可以开展利用旧材料制成乐器的活动，以培养幼儿的创造性思维。很多自制打击乐器都是由废旧材料制成的，如在易拉罐、塑料瓶里面装一些沙，可制作成沙锤。

### （五）打击乐的配器

为乐曲（歌曲）选配乐器时，教师不仅要了解所要使用的乐器的音响特点，乐器必须适应音乐的性质、风格，达到互相协调，同时，还要对所要演奏的乐曲的节拍、旋律等进行深入分析，通过分析找到乐曲的呼应、对比、变化的地方，进而选取适合乐曲的乐器。

**1．根据强弱选择**

强音乐器的作用一般在强拍或乐曲的高潮或结尾显现；弱音乐器一般用在弱拍，有时也可用在强拍。那些具有延续音的乐器，如碰铃、铃鼓、三角铁等，当音符时值较长时，教师可以采用比较柔和的弱奏，以展现出比较明显的颤音效果。

**2．根据音乐形象选择**

表现优美、抒情的音乐形象，宜配音色清澈、嘹亮、有延音的三角铁、碰铃等；表现热烈欢快的音乐形象，宜配镲、锣、铃鼓等；表现轻盈跳跃的音乐形象，宜配音色清脆响亮的木鱼、响板、双响筒、串铃等。

**3．根据乐曲乐句、乐段的结构来进行选择**

演奏不同乐段中的重复和呼应的乐句，需要更换不同的乐器，这样可以丰富乐曲的表现力并增加新鲜感，如为3～4岁的幼儿选择配器方案，教师一般可以在乐段之间变化音色；为4～6岁的幼儿选择配器方案，教师还可以尝试在乐句之间变化音色。

**4．根据力度来选择**

在演奏过程中，力度要有强弱的变化。教师既可用强奏、弱奏或增减乐器的件数来产生不同力度的对比效果，也可用齐奏与某种乐器独奏或领奏来表现。

综上所述，乐器的选配、乐器的打击方法需要与音乐的内容相适应，并且结合实际进行更换与组合，这样就可以充分表达出所要演奏的乐曲的情感。

## 二、幼儿节奏乐活动的目标

对幼儿开展打击乐演奏活动的主要目的是提高幼儿的听辨节奏能力和识别音色能力，增强幼儿之间的合作意识，锻炼乐曲演奏的熟练技能和协调技能。

### （一）幼儿节奏乐活动的总目标

1. 认知目标

对常用打击乐器的名称、音色、使用方法有简单的认识，并积累一定的音乐语汇，如音乐曲调的语汇、打击乐器演奏节奏型的语汇、打击乐器的各种不同音色及其表现力的语汇等。

2. 技能目标

能掌握打击乐器的正确演奏方法，乐于研究乐器的演奏方法和音色变化的关系。为歌曲和乐曲选配合适的打击乐器，并能运用已掌握的节奏型进行创造性表现。能够在集体奏乐活动中，做到演奏协调。

3. 情感目标

养成良好的活动常规，能享受节奏乐活动的快乐及与他人或团队协作的乐趣。

### （二）各年龄阶段节奏乐活动的目标

1. 小班

能够了解几种简单的打击乐器的名称、音色和使用方法，随着对音乐的熟悉，学习如何有节奏地进行演奏；对于两种乐器能够进行齐奏，能够根据指挥手势开始与结束演奏；能够了解并遵守演奏节奏乐的基本规则，按要求取放、交换和收拾乐器；愿意学习打击乐器，愿意参与集体的演奏活动，体验操纵乐器的快乐。

2. 中班

学习用打击乐器设计简单的固定节奏型，逐步认识节奏乐谱，能够跟随音乐节奏来演奏乐器，扩大幼儿能够学习的演奏乐器种类；能够尝试使用，如铃鼓、圆舞板等打击乐器进行演奏的方法，能够尝试为歌曲选择合适的节奏型与音色；在演奏时，幼儿能够开展节奏乐的合奏，同时确保合奏的节奏型与速度，在合奏的过程中，幼儿能够集中看指挥，与音乐以及他人的协调保持一致；能够尝试采用不同的乐器、不同的音色、不同的节奏进行合奏，以此表现对音乐的感受、对自然事物的认知，从而使幼儿养成爱护乐器的习惯。

### 3．大班

能够学习更多乐器的演奏方法，能够熟悉不同乐器的演奏方法；能够学习并自制一些比较简单的打击乐器，能够辨别不同乐器的音色；能够体会到在演奏中的各种音色、音量等的表现规律，并能够积极参与集体演奏方案的设计；学习即兴指挥，并能根据他人即兴指挥的动作迅速准确地做出演奏的反应；能够享受创造的快乐，养成对集体和乐器负责的积极情感。

## 三、幼儿节奏乐活动的组织

节奏能够直观地反映出不同的音乐情感，是幼儿音乐教育的重要内容之一。针对幼儿的节奏训练，教师应根据幼儿年龄较小、理解能力不高、无法长时间接受枯燥训练的特点，采用简便且富有趣味的方法，丰富化、多样化地组织节奏与活动。

### （一）选择形式结构简洁、游戏性、可操作性强的乐曲

节奏鲜明的节奏乐素材能够引起幼儿学习的兴趣。教师需要深入了解幼儿的年龄、性格等，对幼儿已有的音乐水平也需要充分了解，之后再选择音乐活动的各种素材。这就要求教师充分结合幼儿的兴趣点，有目的地选择一些幼儿比较感兴趣的乐曲。只有这样，才能够展示出节奏乐素材的使用效果，激发幼儿学习的主动性和探索音乐的积极性。教师在为小班幼儿选择节奏乐曲时，最好选择他们曾经学过的音乐或节奏简单鲜明、有一定情

节的一段乐曲。例如，进行曲，这样便于幼儿掌握节奏特点。小班和中班可以 2/4 或 3/4 拍乐曲为主，如《郊游》这首乐曲比较适合幼儿掌握节奏特点，这是一首 2/4 拍的乐曲，节奏特点非常明显，前八小节与后八小节的旋律完全相同，中间八小节有所变化，对于大班幼儿，教师在此基础上最好选择有鲜明特色的三段体作为素材，乐句、乐段之间有明显差异，形成鲜明对比。

### （二）在幼儿生活范围内寻找素材，激发幼儿想象和创造

教师在选择素材时，常常感到好的音乐太少。其实，只是我们缺少那双仔细观察的眼睛，只要悉心洞察我们周围，到处都有好的音乐素材，如窗外动听的鸟叫声、空中震耳的雷鸣声、马路上嘈杂的轰鸣声、活动室里一阵阵欢笑声……这些都可以作为节奏乐活动的素材，随时可以节奏乐的形式进行表现。根据以往的惯例，教材是不能擅自改动的，但现在教师可以根据幼儿的实际认知水平和特点，在现有教材的基础上进行加工和改编，使之与幼儿的实际水平和能力更加匹配。例如，"敲锣打鼓放鞭炮、洗手帕"等律动，尽管在规律上无迹可寻，但有情节，动作单一固定，我们就可以从某一具体动作切入，引导幼儿用乐器伴奏，如"敲锣时我们用什么乐器？""打鼓又用什么乐器？""放鞭炮呢？"让幼儿可以根据自己对乐器特点的认识及乐曲性质的理解，选择相应的乐器表现。

## 四、幼儿节奏乐活动的设计

### （一）节奏乐活动的准备

1. 根据幼儿发展水平及音乐作品的特点，安排节奏型和音色的布局

在准备期间教师应反复熟悉音乐，揣摩和分析音乐家的情感、风格以及趣味性，研究音乐的节奏和结构特点，考虑乐器搭配合奏的效果。例如，所选用的音乐类型、旋律是否具有抒情性或明快性。选用几拍的音乐作品是由

训练中所要把握的不同节奏特征来确定的。两拍的节奏特征是强、弱，三拍的节奏特征是强、弱、弱，四拍的节奏特征是强、弱、次强、次弱。选用的乐曲有哪种段式，如 ABAB、ABCA 等。教师要找出所选择的乐曲中的重点及难点。换句话说，如果教师提前做好了充分的准备，确定了乐曲的重点和难点，那么在组织幼儿表演打击音乐时，就可以让孩子们得到更好的学习与发展。

**2. 根据幼儿的能力发展水平确定配器方案**

配器是指在教师引导和组织下，幼儿能够自主选择适当的节奏型，选择合适的演奏乐器，为他们所熟悉的歌曲进行伴奏的音乐活动形式。

（1）配器设计的原则

第一，适合幼儿使用乐器的能力，即从以大肌肉动作为主，做到手眼协调，完成一些难度要求较低的动作，不断过渡到能够部分利用手腕和手指，做一些手眼协调要求较高的动作。选择配器要符合简单和多重复两个原则，这样才能适应幼儿的需要。第二，适合幼儿对变化做出的反应，即在编曲过程中，旋律的改变、音调的改变，其频率与难度都要适合某一年龄段幼儿的接受能力。例如，针对小班幼儿所选用的编曲方式，宜采用不同的声部，如《这是小兵》《大雨小雨》等。就节奏而言，其基本是一拍一次或两拍一次的节奏。大部分的乐曲自始至终都是齐奏，没有音色的改变。例如，《瑶族舞曲》中的 A 小节。在小班结束时，依据幼儿的发展情况，教师建议他们自行决定音色的安排，《军民大生产》就是这样的。针对中班、大班幼儿所选用的配器方案，较佳的是在短句与短句间形成不同的音色变化。它主要是一拍一次或两拍一次的节奏，有时也会出现由长短不同的音符组成的节奏型。这时，配器不仅要产生与音乐的情感或风格相适应的音响效果，还要有一定的个性与趣味，使作品内容更加丰富。

（2）配器的步骤

①为音乐作品选配乐器。乐器演奏是以好听为前提的。由于打击乐配器的模式不固定，因此可由音乐作品的性质确定使用什么乐器。通常，浑厚的音乐主要采用三角铁，节奏欢快的音乐适合使用铃鼓、沙锤，节奏明显的音乐

适合使用响板、三角铁等，音色比较明亮和柔和的音乐适合使用圆弧、木鱼等乐器，音色比较干脆或坚实的音乐适合使用串铃、铃鼓等乐器，这种乐器摇奏时具有毛糙感和波动感，锣、镲和钹的音色较为尖锐、粗糙并带有撕裂感。教师必须关注到乐器种类选取的数量要与幼儿的实际音乐水平相匹配，要与音乐的实际需要相匹配，这样才能充分发挥乐器的特色，这样的打击乐才动听。

②为音乐作品选配节奏型和演奏形式。在节奏型的选配方面，一般采用某种固定的节奏型，对于节奏型的选取，教师可以选择自配的均匀节奏，可以选择乐曲自身的节奏，可以依据乐曲节奏变化进行节奏型的变换，也可以突出某个节奏型。例如，民歌《八月桂花遍地开》，全曲结构工整，构架合理，由四个乐句组成。其中，第三乐句与第一乐句、第二乐句、第四乐句在节奏、力度等方面有着非常鲜明的对比。因此，在选择乐曲的节奏型时，教师一定要参照音乐结构特点，选择合适的节奏型来表现音乐。在乐曲的演奏形式方面，教师为小班幼儿编排的打击乐活动要做到简单，通常以齐奏为主要选择，音乐的节奏变化不要太大。对于中班、大班幼儿教师则可以适当地增加活动的难度，如可以采用多种类型的乐器进行轮流合奏，同时不同乐器的节奏型也可以进行组合的变换使用。对于同一首乐曲，教师往往能够编排不同难度的节奏乐，让不同班级的幼儿使用。

3. 徒手练习节奏型

节奏乐活动有时要求不同的乐器轮流进行演奏。同时演奏的时候，不同乐器的节奏型也会各有不同。在使用乐器演奏前，最好提前进行无乐器练习，这样能够集中幼儿的注意力。教师可以引导幼儿以各种节奏动作，如声势、动作等，练习各种乐器声部的节奏型，并引导孩子熟练掌握，让幼儿在短时间内能够熟练地进行乐器演奏。在练习时，教师可以根据打击乐器的种类将幼儿分成若干组，为各组分配乐器，先进行分组练习，再合起来练习；先对全园幼儿讲授各种乐器的使用，分组后再练习本组内的各种乐器的节奏型。教师应注意徒手练习的时间不宜太长，长时间徒手练习会让幼儿产生烦躁的情感，更重要的是不利于幼儿在集体练习打击乐器的过程中，感受各种乐器的不同音色、音响特点及在合奏中所产生的效果。例如，在大班节奏乐《池塘里的小星星》活动中，在幼儿欣赏音乐后，教师把图谱作为示范，帮助幼儿掌握乐曲节奏，并带领幼儿跟随音乐做伸手、拍腿、摇手的动作，徒手练习节奏。

### 4. 认识乐器，学习乐器的使用方法

教师向幼儿介绍即将使用的打击乐器的名称及使用方法。由于节奏乐的特殊性，幼儿一定要学习正确的持乐器的方法，否则会直接影响节奏乐演奏的效果。乐器的构造不同，所持的方法各异，而且敲击出的声音也不同，甚至有可能是噪声。在进行节奏乐演奏之前，幼儿需弄清楚高低音，教师在教完高音后最好做上标记，这样幼儿敲出来的声音才会一致；幼儿通过抖动自己的手腕使得沙锤发出声音，如果想要声音强弱适中，幼儿则可以把自己的双手放置胸部以下，或者是把自己的双手放置在身体两侧对沙锤进行抖动，不能用力过猛，对沙锤进行猛甩则会出现声音细小的结果；三角铁要用左手提在绳上，不能和身体接触。因此教师要特别提醒幼儿用正确的方法持乐器，用正确的方法来表现才会有较好的节奏乐效果。例如，在大班节奏乐《池塘里的小星星》练习活动中，在幼儿徒手练习节奏后，教师先出示乐器碰铃、铃鼓、响板，复习乐器的演奏方法，然后与幼儿逐一讨论配器方案，把讨论的结果画在图谱上，使幼儿明确如何正确地演奏。

### 5. 随音乐进行演奏

幼儿在随音乐演奏时要有指挥。教学初期，演奏时可以由教师担任指挥，在幼儿熟练后可以由幼儿担任指挥。在进行随乐演奏时，教师可以选择节奏感好的幼儿先进行练习，练习熟练后再让其他幼儿练习，这样可以让幼儿互相帮助；或者是先让幼儿进行分声部的练习，各个声部都能够熟练掌握后，再进行声部的合奏练习；或者是声部一次递增一个，最终变成完整的声部合奏。教师不要让幼儿只练一种乐器演奏，在幼儿熟悉了乐曲的节奏和掌握了一定的打击乐器演奏方法后，要让幼儿练习不同的乐器，让幼儿了解到不同乐器的演奏技巧与方法，让幼儿学习不同的节奏型，发展幼儿乐器演奏的协调能力。

（1）通过妙用图谱，帮助幼儿理解乐曲节奏的变化，激发幼儿的学习兴趣。图谱中运用的图形符号迎合了幼儿的情感知觉特征，图谱把音乐内容简单化、形象化，使效果更加直观，能形象地将摸不着的抽象概念演变成形象的图示，使幼儿迅速地理解不同的图示所表达的含义，也便于幼儿学习掌握整首乐曲的结构特点。教师只需要简单地讲解，就能使幼儿在看图时就能根据图形的变化来想象节奏长短的变化。由于节奏图谱形象新奇，它有效地吸引了幼儿的兴趣并激发了幼儿对学习的渴求。音乐本身是比较抽象的，怎样让幼儿理解不同的节奏呢？机械枯燥的反复练习法一定是不行的，这样的训练会使得教学过程缺乏趣味与吸引力，没有活力，因此教师需要找到有效的方法，并通过这种方法帮助幼儿更好地理解和记忆音乐作品，用打击乐器准确地演绎音乐作品。在节奏乐教学中，图谱法是引导幼儿体验和领悟音乐，进一步完善节奏乐教学的有效手段，如在打击乐教学《钟表店》时，教师先将乐曲中四种不同的表示引子、间夹两次并有变化、尾声的钟声，制成四幅图片，分别是星星座钟、布谷鸟钟、复古摇摆、八小图片；再引导幼儿将小图片填入大图片，很快就找到了前奏、尾声音乐，使幼儿深入理解乐曲中的引子。使用图谱法时要注意图示要简单、明确、统一、有规律性，让图谱成为帮助幼儿理解、记住节奏、辅助幼儿进行演奏的一种工具。

（2）培养幼儿良好的演奏常规，保证教学活动顺利、有序地开展。节奏乐活动具有很强的互动性。由于幼儿天生好奇心强、自制力差，加之乐器本身的新奇性和乐器可以发出声响等特性的吸引，幼儿拿起乐器就喜欢敲敲打打，使其响个不停。因此，节奏乐演奏活动从来都会让教师感到秩序维持的困难。因此，建立必要的常规就显得特别重要。首先，教师要让幼儿通过自身的感受，明白自己应该怎么做。例如，在组织节奏乐演奏活动《小号手之歌》时，教师为幼儿准备了很多乐器，乐器分发到手后就乱成一团，你敲你的，我摇我的。此时教师并没有生硬地进行制止，而是让幼儿自己感受"这种声音好听吗？""你觉得怎么样？""应该怎样做？"。幼儿争先恐后地举手发言说"我觉得很好玩""我觉得太吵了""我发现乐器吵得乱糟糟的，心里都有点慌"，等等。只有这样才能让幼儿感受到演奏规则的重要性。接下来，教师就组织大家来商讨该怎么做才能让所有的乐器都能听话地安静下来。其次，教师针对班级部分活泼好动的幼儿展开研究，发现其明明知道不能随意让乐器发出声音，可自己的行为就是无法控制。这种总想去摸一摸、看一看的现象，教师可以通过创编一系列的小游戏来帮助他们学会控制自己，只有亲身经历过、感受过，才能有助于幼儿的常规培养。幼儿熟练掌握打击乐后，音乐活动会变得更加有序，乐曲的演奏效果会变得更佳，幼儿对音乐活动的兴趣会变得更浓，幼儿的注意力也会变得更加集中。常规的培养是一个需要不断强化的过程。对幼儿进行常规培养时，教师要将固定的要求坚持到底。

（3）注重培养幼儿的创新能力。教师的引导性启发和鼓舞性激励也是培养幼儿创新能力的重要途径。幼儿除了享受自己的成功之外，也会与人分享，期待能够得到别人对自己的接纳与肯定，最大的鼓舞就是教师的接纳和肯定。值得注意的是，幼儿的创新表现一定会参差不齐，这就需要教师运用教育智慧，善于启发和诱导，既要使幼儿在创造活动中获得满足感，又能从敲击中使幼儿得到启迪，逐步提高幼儿打击乐器的演奏能力。只有给幼儿一片自由表现的天空，幼儿才可以施展创造的能力，才能在节奏乐活动中自然而然地形成一种和谐快乐的氛围。在这样的环境中，幼儿的身心会得到全方位的发展，情感也会不由自主地丰富起来。这时的他们敢说、愿意表演、大胆地表现自己，是培养幼儿创新能力的最佳时机。为了激发幼儿的创造性，教师的教学方法也要创新。在活动中，教师可以鼓励幼儿模仿自己手中的乐器发出的声音，鼓励幼儿自制小乐器，如易拉罐装上石子做"沙筒"、矿泉水瓶内装上黄豆做"沙锤"、废旧自行车铃铛做"碰铃"、废旧的圆筒配上小木棍做"响筒"……这些打击乐器就在这些废旧材料中应运而生。用自制的小乐器参加演奏，会让幼儿由内而外地兴奋，在开心自豪中充分享受成功，在音乐中陶醉。

## 五、幼儿打击乐演奏能力的发展特点

### （一）3~4岁幼儿的发展特点

3~4岁的幼儿会对日常生活中发出声响的玩具和物品产生好奇，总是会主动地弄响它们，在探索中他们获取了最早的声音经验。幼小的孩子由于对声音的敏感和兴趣，使得他们喜欢敲敲打打制造出不同的声音。针对这一阶段幼儿的生理发展特点，教师应选择锻炼手臂大肌肉的打击乐器，如铃鼓、串铃、响板、打棒等。当然，教师也要针对幼儿爱探索的年龄特点，引导幼儿使用钥匙、碗筷、积木、盒子、不同材质的桶进行游戏，在游戏的过程中让幼儿积累不同的声音经验，培养幼儿对声音高低强弱和长短的敏感程度。

教师应让幼儿随着打击乐演奏活动的逐渐深入提高动作协调能力，最终达到大多数的幼儿基本能够合拍地随音乐演奏。3～4岁的幼儿获得的演奏经验比较有限，他们自身的随乐性和意识能力较差，很难用准确的节奏和适宜的音色来表现。尽管如此，大多数的幼儿还是会拿起手中的乐器尝试表达自己对音乐的感受。因此，教师应该根据幼儿不同的情况，选择适合他们的打击乐器和打击乐作品。合作协调主要是指演奏者在乐曲演奏中需要倾听集体、同伴、自己的声音，每个声部的演奏都要服从整体要求。协调演奏的能力指的是能够运用打击乐器和音乐协调一致地进行演奏的能力，这里的协调一致是指幼儿能够熟练地运用打击乐器，并按照音乐伴奏中的节拍、速度、力度等要素的变化而进行变化。

### （二）4～6岁幼儿打击乐演奏能力的发展

#### 1．乐器使用

4～6岁的幼儿已经获取了一定的演奏经验，随乐性有了大幅度的提升，无论是随乐性还是动作协调能力都有了很大程度的发展。肌肉的协调能力较强，反应能力增强，精细动作能力大大提高。这一阶段的幼儿喜欢用不同方法尝试演奏同一种乐器；愿意探索不同材质和种类的乐器的音色；愿意使用具有一定音色变化的打击乐器。教师要注意4～6岁幼儿的乐器选择，应针对幼儿的能力发展特点，选用木鱼、蛙鸣筒、双响筒、三角铁等以发展幼儿精细动作为主的锻炼双手协调配合的音质较好的乐器，让幼儿以大动作与精细动作相结合的演奏为主。同时，教师可以加入对演奏用力方式有较高要求的乐器，如蛙鸣筒刮奏、三角铁震奏、铃鼓摇奏、响板捏奏和小镲擦奏等锻炼幼儿持续用力、均匀用力的能力以及手眼协调的能力。

### 2. 随乐演奏

在跟随音乐的演奏中，幼儿能在教师的引导下准确地理解音乐的内容及形象，除了可以分辨出经常见到的乐器、听辨出乐器不同的音色外，还能使用不同的演奏方法使各种乐器表现出不同的音色，从而展现出不同的音乐形象。4～6岁的幼儿动作能力、表现能力和音乐感受能力都有了很大程度的发展，幼儿不仅可以做到合拍地跟随音乐演奏乐器，还可以做到准确地把握丰富的节奏型，有较强的动作能力与表现能力。幼儿可以准确地把听觉中的音乐反映到动作和打击乐器上来，将基本音符，如二分音符、四分音符、八分音符的时值长短和简单节奏型以及 2/4、3/4、4/4 的节拍用打击乐器表现出来，能够将声音的强弱准确地辨别反映出来，并有意识地进行控制，能够辨认简单旋律和节奏模仿部分的相同部分，并将其演奏出来。他们还能凭借自己的音乐感觉记忆简单的音乐旋律，边哼唱边演奏乐器。

### 3. 动作协调

4～6岁的幼儿合作协调能力有了较大的发展，已形成了较强的团队意识，能够主动地与他人配合，有较高的演奏积极性和表现意识。他们不仅能够对指挥者的演奏要求做出快速准确的反应，还可以与伙伴默契配合，处理好2～3个声部的协作演奏，并且部分幼儿初显领导意识，自愿做演奏指挥者，渴望用简单的肢体动作和图谱指挥"团队"。

## 六、幼儿打击乐演奏活动的目标

幼儿打击乐演奏活动的目的是让幼儿享受演奏打击乐器的快乐。

### （一）幼儿打击乐演奏活动的总体目标

对于幼儿打击乐演奏活动的总体目标，我们采用通常的目标表述形式，从认知、情感和技能三个方面做简单概括：

1．认知目标

能够认识、辨别各种常用打击乐器及其音色特点，掌握一些简单的节奏型，了解有关打击乐器的基本知识；能够理解指挥的手势含义并与指挥相配合。

2．技能目标

喜欢参与打击乐演奏活动，乐意探索乐器的不同演奏方法并尝试创造性的表现，积极体验并享受与他人合作演奏的快乐。

3．情感目标

能够熟练掌握乐器的演奏技巧，能够在集体演奏活动中，控制自己演奏的音色与集体演奏相协调，能够掌握使用、调整乐器的简单规则。

## （二）幼儿打击乐演奏活动的各年龄阶段目标

1．小班

（1）喜欢敲敲打打发出声音，学习并使用几种简单的打击乐器，如响板、木鱼、棒子、手串铃等进行演奏。

（2）能为简单、短小的歌曲或乐曲进行简易伴奏（四分、八分音符节奏）。

（3）初步学习看指挥，能基本整齐地开始和结束。

（4）能初步掌握打击乐演奏和收发乐器常规。

2．中班

能够在小班基础上再认识和使用一些打击乐器，用乐器为歌曲或乐曲进行不同节奏的伴奏，能进行简单轮奏。养成看指挥的习惯，在集体演奏中能与他人协调一致。养成良好的收发乐器常规，能比较自觉地遵守打击乐演奏活动的基本规则。能够主动探索乐器音色的不同表现作用，并从中体验创造性演奏活动所带来的快乐。

3．大班

学习并掌握更多的打击乐器的奏法（三角铁、镲、蛙鸣筒、鼓等）。主动组织或参与集体打击乐演奏活动，可进行齐奏、轮奏、合奏。能按指挥的手势，进行快慢、强弱等变化的演奏。能自觉遵守打击乐演奏常规，养成爱护乐器的习惯。能参与打击乐的配器设计，创造性地表现节奏和声音，体验表现手法的多样性。

### （三）幼儿打击乐演奏活动的内容

#### 1. 幼儿打击乐演奏活动的分类

以演奏为主的打击乐活动是传统意义上的打击乐演奏活动，活动内容为一个完整作品，音乐从头到尾与打击乐交相呼应，或者无音乐伴奏，完全由打击乐演奏完成。目前，幼儿打击乐演奏活动从课程实施的角度可以分为两种形式：一种是以自主游戏为主的个别化活动或自由小组化活动。另一种是以集体教学为主的集体演奏活动。其在集体演奏活动中从活动内容上又可以分为以演奏为主的打击乐活动和打击乐部分参与的音乐综合活动。打击乐部分参与的音乐综合活动目前在幼儿园比较常见，打击乐器只是音乐综合活动的一部分或一个环节。打击乐演奏活动的目的是让幼儿以多种形式玩音乐、以多重感官感受音乐，从而使幼儿更深入细致地感知音乐作品，如为歌曲选择合适的乐器、编配合适的节奏型伴奏。打击乐器的加入能够保持和提高幼儿对音乐作品的兴趣，使综合音乐活动更加丰富多彩。

#### 2. 幼儿常用打击乐器分类

幼儿常用打击乐器按照音响特点可分为旋律乐器、强音乐器、弱音乐器、散响乐器、特色乐器；按照制作材质又可分为木质乐器、金属乐器、皮革乐器；按照有无固定音高又可以分为：有固定音高打击乐器，也称音条乐器，如木琴、铝板琴、音筒、音块等，无固定音高打击乐器，如大鼓、手鼓、铃鼓、碰铃、木鱼、蛙鸣筒、沙锤、双响筒等。

## 七、组织幼儿打击乐演奏活动的常规步骤

打击乐演奏的教学应该循序渐进地进行，教学步骤与方法要根据教材的具体情况而定。演奏活动多为集体活动，演奏最终能够达成，依赖生动、有趣、具有多种变式的练习过程，方法有传统教学常用的示范法、模仿法和语言提示法以及目前广泛应用的图谱法、创作法等，在实际教学中教师应灵活结合

使用。

## （一）以演奏为主的打击乐活动

### 1. 认识打击乐器，探索演奏方法

在教师介绍前，其可为幼儿提供观察、玩耍探索打击乐器发声方法和音色特点的机会，然后，教师再通过生动、形象的语言以及教师的示范演奏等方法向幼儿介绍各种不同的乐器，让幼儿了解乐器的名称、外形、构造、音色特点等。在这个基础上，教师可以通过示范、模仿练习等方法指导幼儿正确使用打击乐器，逐一尝试各种乐器的演奏方法，以帮助幼儿对打击乐曲形成一个整体的认识。同时，教师可通过示范、讲解、节奏练习等方法带领幼儿进行基本节奏型的学习，为其顺利进入乐曲演奏做好准备。

### 2. 徒手练习演奏

在幼儿了解配器的基础上，教师应按各自不同的演奏谱进行分声部、分组徒手拍击节奏练习，也可让幼儿通过模仿某一乐器的演奏动作或用嗓音发出相应的响声来进行练习，这样才能取得较好的效果。教师不要让幼儿长时间地进行徒手练习，不要等到幼儿完全掌握了徒手演奏之后再让幼儿进行真实的乐器练习。幼儿使用乐器时，需要同时学习和乐曲相关的节奏型与演奏法。如果让幼儿长时间地进行徒手练习，则会大大降低幼儿学习音乐的主动性和积极性，这对幼儿音乐能力的发展非常不利。

### 3. 分段式练习演奏

不同的打击乐曲具有不同的乐段，这时教师可让幼儿进行分段练习、分段掌握，如中班节奏乐《喜洋洋》是一首中速、欢快、热情的单三部 A、B、A 的曲式结构。A 段：欢快、热情；B 段：抒情、喜悦。由于所配置的节奏型和有关打击乐器的演奏方法不相同，所以，教师可让幼儿分段掌握，一段一段地练习。

### 4. 持乐器合奏练习

在分段、分声部练习的基础上，教师可以指挥幼儿持乐器随音乐进行多声部合奏。为了使幼儿易于学习，教师可以一次递增一个声部，以达到完整的合

奏，在合奏时要求同伴间要互相倾听、互相配合，养成良好的倾听习惯和合作意识。另外，在合奏中，教师的指挥是其中的重要角色，不但可以帮助幼儿很好地掌握作品的整体音响结构，而且是幼儿学习指挥的最佳示范榜样。因此，教师指挥的动作必须明确、准确，饱含热情。在合奏练习中，教师要逐步培养幼儿担任指挥，教给幼儿简单的指挥方式，使幼儿从指挥的学习体验中不断加深对作品整体音响形象的认识，获得美的享受。

### （二）打击乐参与的综合活动

打击乐作为活动的一部分或一个环节，可以帮助幼儿对音乐作品有一定的熟悉，对乐曲或歌曲的情感性质、风格、内容、节奏、乐句、乐段等特点有一定印象。此类活动目前在幼儿园比较常见。运用打击乐的具体步骤如下：

1. 用有趣的方法引入打击乐的参与

教师可以根据打击乐作品的特点，灵活选择语言（如讲故事、回忆性谈话、朗诵儿歌等）、教具（如图片、玩具、实物、多媒体课件等）等方法导入主题，引起幼儿学习的兴趣。例如，在组织《玩具兵进行曲》的打击乐演奏活动时，教师可以首先出示课件图片，便于幼儿玩耍、操作、探索、熟悉打击乐器，进一步激发幼儿学习演奏的兴趣，教师应创设音乐区角，在音乐区角里放置不同的打击乐器和一些相对固定的材料，如音响录放设备、表演用的道具、节奏卡或相关的图谱等。创设音乐区角，提供相应的机会和条件，并满足幼儿表演的欲望，有利于发展幼儿的音乐素质和能力。

2. 充分利用废旧材料自制打击乐器

幼儿园如果无条件购置打击乐器，或配置不齐全，不能满足教学的需要，教师可以自己或指导幼儿一同参与制作打击乐器，如用易拉罐、塑料瓶等分别装入豆子、小石子，可制作成沙球；用树杈、饮料瓶盖或铁皮盖等制成手摇铃；用竹板制作响板；用罐头盒蒙皮革或不蒙皮革制作小鼓；用玻璃杯、酒瓶、碗盛水后用小竹棒或筷子敲击也能演奏旋律，等等。自制打击乐器不仅充实了打击乐活动的器材，还培养了幼儿的创造性思维和动手能力。

### 3. 善于捕捉生活素材，激发幼儿想象和创造

在我们的周围环境中，无论是自然界还是现实生活都有好的素材，如窗外动听的鸟叫声、街头嘈杂的汽笛声、空中震耳的雷鸣声、活动室里的阵阵欢笑声等，都是我们的素材。我们要把这些素材随机拉入课堂，采用打击乐器进行表演。拍拍手、跺跺脚、弯弯腰、点点头、捻捻指、拍拍椅子等，通过不同的乐器演奏，生动有趣的音响效果就产生了。

### 4. 幼儿探索用不同的方法及材料表现节奏

教师要从幼儿熟悉的生活着手，让幼儿在感受生活中各种奇妙节奏的基础上，鼓励幼儿用身体动作创造性地表现节奏，并且巧妙地引导幼儿发现与运用身边的物体表现各种不同的节奏，使幼儿充分体验到节奏带来的快乐、活动气氛的热烈。这种设想与尝试给我们以启迪，有利于培养幼儿的想象力与创造力。

### 5. 设计与恰当运用"变通总谱"

教师要在对教材深入分析的基础上，结合各种变通总谱的设计要点进行设计，如"图形总谱"的设计，跳跃的旋律可用短线或圆点表示，连贯、优美的旋律可用连线或圆形表示，兴奋、激烈的音乐可用曲线或三角形表示，等等。再如，"语音总谱"的设计，所用的语言应简单、有趣和易于上口。像《欢乐舞曲》节奏鲜明、中速欢快，由四个乐句构成，可为其设计语言节奏：小鸡小鸡高兴叽叽喳喳，小鸭小鸭高兴呱呱叫，小兔小兔高兴蹦蹦跳，大家高兴一起跳跳舞。在动作总体设计时教师应力求简单易学，注意动作的难易和音乐节奏的变化要相匹配，也就是不要在音乐节奏较密集的地方安排较快、较难的动作；节奏密集时可拍手、拍腿，而节奏较疏时可跺脚或捻指。

### 6. 鼓励幼儿积极参与配器

在探索性打击乐演奏的教学中，教师要引导、协助、鼓励幼儿积极提出建议，将已获得的经验进行迁移，尝试为歌曲编配打击乐，进行有创意的演奏活动，组织幼儿熟悉打击乐器的配置和队形，将同类乐器安排在一起。教师在

演奏中要求幼儿注意演奏的方法，养成好的习惯，追求一致、和谐、动听的效果。

### 7. 帮助幼儿学习"看指挥"与"当指挥"

幼儿在这种学习演奏中，学习如何与人沟通、合作以及协调，从而获得快乐和自信，这对幼儿的音乐素质能力和非音乐素质能力的发展有着积极的作用。在幼儿的打击乐演奏活动中，"指挥"包含两重含义：一是注意力，二是"指挥演奏"的能力。由于幼儿年龄小，音乐经验少，因此他们主要是学习如何开始、结束、交替、轮流演奏和击打演奏的节奏型，并且能够在需要时通过模仿乐器演奏的动作来指挥演奏。具体而言，幼儿应学习掌握的指挥技能包括："准备""开始"和"结束"的动作，要求动作简洁、明确，能让演奏者清楚、明白并做出反应；善于运用相关的动作来表现节奏和音色的对比变化；与演奏者积极交流，以较好的体态和表情调动演奏者的热情，指挥的动作要与音乐作品相适应。

### 8. 建立打击乐演奏活动常规

教师要合理地分发与收回打击乐器。打击乐器的分发与收回一般有两种方式：一是音乐活动前将乐器分声部或分组放在幼儿座椅下面，可节省活动时分发乐器的时间，有利于保证教师组织教学的流畅性；二是现场分发，这样教师可根据情况灵活掌握，但占用了一定的练习时间，对幼儿的练习会有影响。两种方式各有利弊，在实践中应视实际情况来安排。如果幼儿已形成良好的打击乐常规，教师可让幼儿自己拿取乐器，以便更好地发挥幼儿的主动性。打击乐演奏活动要注重培养幼儿良好的活动常规，这是活动顺利开展和有序进行的根本保证。集体打击乐演奏活动的常规要求包括：明确演奏开始和结束的音乐信号并能做出积极的反应；看指挥演奏并积极交流，演奏时养成倾听整体音响效果的习惯；注意控制演奏的音量，努力做到与集体协调一致；按要求交换乐器演奏，遵守乐器的发放、收取、分类收藏的原则等。大部分幼儿教师都认同幼儿喜欢手持打击乐器参与音乐活动、活动时表现出极高的兴致，但是我们在观摩幼儿园音乐教育实践中发现，许多教师不愿意选择和提供幼儿本来非常感兴趣的打击乐演奏活动内容，这是为什么呢？有的教师觉得在打击乐演奏活动时总是乱糟糟的,教师嗓子都喊哑了,还是组织不好;有的老师说自己并不十分了解幼儿打击乐器的种类和运用,不会打击乐编配等内容,实施起来很困难。

**案例分析:**

### 小班节奏乐活动《大家一起来》

▲活动设计背景

音乐教育对于幼儿的发展非常有利,如可以开发智力、发展记忆力、活跃想象力、培养幼儿良好的道德情操。幼儿期是音乐智力发展的黄金期,而音乐是一种综合的艺术,不仅以单一的形式存在,还可以一边跳一边唱;它不仅可以用嘴唱、用耳朵听,也可以使用乐器演奏。乐器演奏活动是发展幼儿多种能力的积极活动,幼儿乐于参与,从中受益无穷。另外,教育部在《幼儿园教育指导纲要(试行)》中提出了组织教育活动时,教师要考虑到幼儿阶段的学习特点和幼儿认知的一般规律,对于各领域内容要考虑它们的相互联系,注重各领域内容的趣味性与综合性,做到在生活和游戏中实现乐曲的教育功能。因此,教师设计本次节奏乐活动《大家一起来》,引导幼儿在熟悉音乐的基础上,运用各种小动物的叫声来练习节奏,并尝试用打击乐器表现歌曲的情感,通过自己亲身演奏,体验合作的快乐。

▲活动目标

(1)在活动中引导幼儿运用多种形式来表现音乐,并尝试用响板和铃鼓为歌曲伴奏。

(2)引导幼儿在游戏活动中感知节奏① × × ② ×—丨。

(3)引导幼儿初步感受与同伴一起合奏的快乐。

▲教学重点、难点

引导幼儿积极参与活动并初步尝试用响板和铃鼓为歌曲伴奏。

▲活动准备

(1)幼儿熟悉音乐《大家一起来》。

（2）背景图一组（大树、草丛）、光盘、VCD（影音光碟）。

（3）乐器：响板和铃鼓。

▲活动过程

开始部分：游戏《捉迷藏》

（引导幼儿在游戏中运用动作初步感知节奏 ×—｜）

基本部分：节奏乐《大家一起来》

一、在游戏中引导幼儿感知节奏 ××

（1）通过小动物捉迷藏来引起幼儿兴趣。

①师："小朋友你们知道吗？小动物们也想跟你们一起玩捉迷藏呢！"

②师："猜猜看谁藏起来了？"

（小兔、小狗、小鸡……）

（2）通过小动物的叫声引导幼儿练习节奏 ××。

①师："我们听听看是谁？汪、汪（××）。"

（教师演示幼儿模仿练习节奏）

②师："我们一看到小狗我们就怎样叫？"

[汪、汪（××）]

③教师引导幼儿随歌曲再次巩固练习节奏 ××。

（3）用同样的方法引出小青蛙（呱呱）和小猫（喵喵），并练习节奏。

二、运用小动物的叫声来表现歌曲，并完整感知节奏①×× ｜②×—｜

（1）"小动物们想给大家唱首歌，听听是谁先来？"

（小狗和小猫先来演唱）

（2）"小青蛙也想和小猫一起唱歌呢！请小朋友一起来好吗？"

（小朋友运用小动物的叫声演唱，再次巩固节奏）

三、运用响板和铃鼓为歌曲伴奏

（1）引导幼儿选择乐器以表示不同的小动物。

（小狗、小青蛙：响板。小猫：铃鼓。）

（2）幼儿在老师的指挥下用乐器为歌曲伴奏。

结束部分：自由结束。

▲教学反思

（1）本次活动很适合小班幼儿。

（2）本次活动目标涉及的认知及能力方面完成得很好，课程环节上具有递进性。

（3）课程中教师的语言具有有效性。

（4）本次活动的亮点是：在游戏中让幼儿感知节奏。

（5）出现的问题是：在最后环节——幼儿选择乐器时，教师的引导语还需完善。

# 第七节　幼儿歌唱活动的创新性设计与实践

歌唱作为一种人类情感表达的本能手段，尤其对幼儿而言，是他们表现情感世界的重要形式。在幼儿的童年时光里，歌唱扮演着不可或缺的角色。它不仅能带给幼儿无尽的乐趣，更能在潜移默化中陶冶情操，激发他们的智慧。因此，歌唱成为适合幼儿参与的活动形式之一。西方教育体系中的音乐教育实践经验表明，幼儿的音乐感知，特别是对于旋律的理解，主要通过歌唱和乐器演奏来提升。这个关键时期通常在幼儿4～5岁，即幼儿园阶段。儿歌的音域与幼儿的嗓音条件相匹配，如《四季歌》，结合季节变化的图片，通过强弱、长短、高低等对比，辅以木琴伴奏，能有效地提升幼儿的歌唱精准度和艺术感受力。对于幼儿的声乐训练，应从低音开始，因为这个阶段幼儿的嗓音发展主要在低音，过早尝试高音可能会导致幼儿发声器官受损。在音乐教育实践中，培养幼儿的歌唱技巧和音乐素养，应确保他们在合适的音域内以自然、健康的方式歌唱。节奏是幼儿音乐活动最核心、最基本的部分。在奥尔夫教育理念中，节奏是连接语言、动作和舞蹈的桥梁，他视之为幼儿认知的首要元素，借助节奏，他找到了与音乐感知较弱的孩子有效沟通的途径。

# 一、幼儿歌唱能力的发展

歌唱能力的发展对培养幼儿的语言能力和音乐能力有很大作用。歌唱是每个人童年时期最纯真、最美好的回忆，也是幼儿情感体验、提高创新能力、张扬个性、开发智力等重要的途径。

## （一）歌词方面

从胎儿降生开始，婴儿便会用"哇哇"大哭吸引人的注意力。到 4 个月的时候，他们会发出一些"啊""咿"之类的学语声。6～9 个月，婴儿会随着身体各器官的成长，逐步模仿发声，并初步呈现歌唱的特征。到了一岁半，幼儿把歌唱和说话逐步从咿呀学语中分化出来。2 岁以后，幼儿开始学唱一些简短的歌曲片段，但是他们对歌词意义的理解还十分有限，发音、辨音能力也稍显不足。3～4 岁的幼儿已经能够掌握一些复杂的句子，并能够唱完较长的片段，但是对于歌词的理解还不是十分明白，会出现用自己熟悉的读音代替不熟悉的读音的情况。4～5 岁的幼儿能准确地复述熟悉的歌曲歌词，显示出他们在词汇理解上的增强，歌唱时的误词和音准问题显著减少。特别是 5～6 岁的孩子，他们的语言技巧有显著提升，能记住更长且复杂的歌曲段落，对歌词含义的理解加深，口齿表达更为清晰。

## （二）音域方面

2 岁以前的幼儿很少能唱一首完整的歌曲，所以谈不上音域的发展。2 岁以后的幼儿一般可以唱出 3～4 个音域约在 C1～G1 的音，之后再发展到音域稍宽的歌曲。3～4 岁的幼儿音域一般为 C1～A1（C 调的 1～6），其中唱起来最轻松的音域是 D1～G1（C 调的 2～5），但不同幼儿的音域发展也是有所不同的，音域较窄的幼儿仅能唱出 3 个音左右。4～5 岁的幼儿音域有了一定的发展，一般可以达到 C1～B1（C 调的 1～7），但表现在个别幼儿身上的差异还是比较明显的。5～6 岁的幼儿音域基本可以达到 C1～C2（C 调的 1～2），有些幼儿的音域还可以更宽。

### （三）旋律方面

3 岁以前的幼儿歌唱一般被称为"近似歌唱"，即他们的发音吐字较差，不能准确地唱出歌曲旋律，所以他们唱出的歌曲只是接近原来的歌曲。3～4 岁的幼儿最明显的表现就是音准较差，有些幼儿在唱歌时基本相当于"说词"，尤其是在没有伴奏的情况下，走调情况尤为突出。4～5 岁的幼儿对歌曲旋律的感知逐步提高，对音准的控制也得到加强，在伴奏或领唱的带领下基本能够唱准旋律较简单的歌曲。5～6 岁的幼儿对歌曲旋律感知能力提高，尤其对音准的把握更强，这时的幼儿能够唱出歌曲的旋律，对于部分跳音的完成度也较高。

### （四）节奏方面

3 岁以前的幼儿初步有节奏的意识，但是这种意识并不能帮助幼儿完成歌曲中的节奏。幼儿可以接触一些节奏较简单的歌曲，这种节奏与幼儿生理活动和身体动作发展一起使幼儿能够较完整、合拍地唱歌。幼儿在准确掌握四分音符、八分音符的歌曲节奏时，还能掌握音符的节奏，甚至是切分音的节奏。6 岁的幼儿不但能在音乐节奏方面精确地跟随 2/4 拍和 4/4 拍的歌曲，并对 3/4 拍的节奏以及不规则的起始节奏有一定的理解。同时，他们在处理具有符点音、切分音的歌曲节奏时表现出色。

### （五）呼吸方面

3 岁以前的幼儿肺活量较小，不能很好地完成一整句歌词，有些还会出现一字一顿地歌唱。3～4 岁的幼儿逐步学习控制气息，并学习使用长气息。幼儿学会了根据自身呼吸调整换气，他们会根据呼吸自然地断句，而过去那种一字一停的现象已基本消除。4～5 岁的幼儿逐渐增强对呼吸的控制，通常能在教师引导下按照指示换气，随意打断句子的行为也在逐渐减少。此外，他们开始关注歌曲的前奏和间奏。5～6 岁的幼儿能够更加准确地掌握自己的气息，能够按照歌曲情感要求自然地换气。

### （六）协调一致方面

3 岁以前的幼儿缺乏协调一致的意识，因此，在与成人合唱时都是成人有意识地和幼儿相一致。3 ～ 4 岁的幼儿在歌唱时基本上能够与集体相一致，并初步感受到协调一致的美感。4 ～ 5 岁的幼儿在歌唱时协调一致的能力进一步提高，可以控制自己的速度和力度，协调地进行分唱、合唱。5 ～ 6 岁的幼儿歌唱协调能力得到很大的发展，不仅能够控制自己的速度和力度，还能够在音色上与集体一致，歌曲的创造性表现意识显著增强。

## 二、幼儿歌唱材料的选择

歌曲由歌词和曲调两方面构成，因此幼儿歌唱活动的材料选择要兼顾歌词和曲调两个方面。为幼儿选择的歌曲不宜出现过于复杂的节奏，一般需要节奏较简单。一般为 3 ～ 4 岁幼儿选择歌曲时，教师可以选一些由四分、八分、二分音符构成的曲调节奏。为 4 ～ 5 岁的幼儿选择歌曲时，教师可以选一些由二分音符构成的曲调节奏，甚至选带切分音的节奏；为 5 ～ 6 岁的幼儿选择歌曲时，教师可以选更复杂的节奏，不仅可以选择 2/4 拍和 4/4 拍节奏的歌曲，甚至可以选择三拍子节奏及弱起节奏、切分音节奏的歌曲。为幼儿选择的歌曲，其速度不宜过快，为 4 ～ 5 岁的幼儿选择歌曲时，除了选择轻快俏皮的歌曲，教师还应该选择一些舒缓安静的歌曲，陶冶幼儿的性情；为 5 ～ 6 岁的幼儿选择歌曲时，因为这个时段的幼儿已具有一定的控制性，所以较快或较慢的歌曲都可以为他们选择，甚至一些具有速度变化的歌曲也能列入选择。幼儿不宜唱旋律起伏较大的歌曲，他们较为容易掌握的是三度和三度以下的音程。因此，小班宜选择三度音程的歌曲，中班和大班可以选择复杂一些的歌曲旋律，但仍然不宜有大幅度的旋律起伏。

## 三、幼儿歌唱活动的目标

歌唱是一种需要学习才能掌握的技能。教师应在教学中逐步安排各年龄段幼儿掌握预设目标的内容。

## （一）幼儿歌唱活动总目标

1．认知目标

（1）感知歌曲的歌词所表现的内容、曲调所蕴含的情感，创造性地开展歌唱表演。

（2）适度使用嗓音，发掘美的声音进行唱歌。

（3）使用歌唱的方式与他人交流。

（4）理解各种集体歌唱表演所需要的合作协调要求，掌握与集体协调一致的方式。

2．技能目标

（1）能准确地再现歌曲的词曲，做到清晰的发音和正确的呼吸。

（2）自然地运用声音表达情感，发出悦耳动听的音色。

（3）采用具有创新性的歌唱表现手法。

（4）在通过歌唱与人交流时，自如地运用面部表情和身体语言。

（5）在集体歌唱时，自我调控声音，使之与整体相协调。

3．情感目标

（1）体验并追求参与歌唱活动的快乐。

（2）体验并追求唱出美好声音的快乐。

（3）享受并探索把歌唱作为与他人沟通的乐趣。

（4）体验并追求集体歌唱活动中的声音一致和情感默契的快乐。

## （二）幼儿歌唱活动各年龄段目标

1．小班

（1）能够运用正确的唱姿和自然的声音逐句进行演唱，初步理解和表现歌曲的形象、内容、情感，基本能够做到吐字清晰、唱准曲调和节奏，音域在 C1 ～ G1。

（2）在教师的引领下，能够尝试为个人喜欢、熟悉、结构清晰且重复性强的简易曲目创作新的歌词。

（3）热爱唱歌，基本能够使自己的歌声与伴奏或集体保持一致，初步学会分组接唱、对唱。

**2．中班**

（1）能够运用正确的唱姿和自然的声音进行演唱，逐渐做到跟随伴奏独立地唱完整首歌曲，吐字清晰、唱准曲调和节奏，音域在 C1 ～ A1。

（2）在集体歌唱中能够控制和调整自己的音色，与集体协调一致，初步学会正确等待歌唱中的节奏、间奏与尾奏等技巧。

（3）能够简单地为歌曲编排新词，并将歌词带入曲调进行演唱。

（4）能够通过控制自己的速度、力度、音色来表现歌曲的形象、内容和情感。

（5）喜欢唱歌，并且能够独立、大胆地在集体面前表演。

**3．大班**

能够运用正确的唱姿和自然的声音演唱，正确地表达节奏和音域，能够通过变化自己的速度、力度、音色来表现歌曲的形象、内容和情感，能够注意到歌曲字句和乐曲的变化，较恰当地表现不同的音乐风格。学会唱弱拍起唱的歌曲。喜欢并能够进行歌词的编创，并能够即兴演唱。喜欢唱歌，并且能够在全体同学面前进行独立表演。能够学会领唱、齐唱、轮唱等表演形式。

## 四、歌唱活动的组织与设计

在幼儿园的歌唱教学中，目标远不止讲授简单的歌曲和基础技能，还致力于全方位地促进幼儿的发展。这包括在歌唱活动中幼儿可以获得情感共鸣、提升智力、培养审美观念以及激发创新思维。因此，教师在设计歌唱教学时，应充分考虑幼儿的独特需求和学习方式，激发幼儿对歌唱活动的热情，鼓励幼儿积极参与。歌唱活动的组织与设计皆在使幼儿在享受音乐乐趣的同时，进而实现幼儿身心健康的整体进步。

## （一）教师熟悉歌曲，分析教材

在教授新歌曲之前，为了有效地示范，教师必须对歌曲了如指掌，反复练习直至能流畅地背唱，并能运用音量、速度、音质和呼吸等技巧生动地展现歌曲的内涵与情感。此外，教师还需深入解析教学内容的性质、情感特点，分析歌曲的形象等。教师还要掌握歌曲旋律变化的基本手法以及歌曲的重点和难点，并结合幼儿的实际情况设计教法与使用的教具。

## （二）导入设计

有些歌在未正式教唱之前教师可以先唱给幼儿听，让幼儿在欣赏中对音乐产生初步的整体印象。教师可以在进餐时、午饭前给幼儿播放音乐，或者在其他活动中为教唱做准备。有的歌曲可先在游戏中学会歌词，然后在音乐活动中正式教唱。例如，《大皮球》一歌，先在体育活动中学习"大皮球，圆又圆，拍一拍；拍得轻，跳得低，拍得重，跳得高"歌词，等到在音乐活动中学唱歌曲时就会轻松许多。《拔萝卜》这首歌可先在故事会上作为故事讲给幼儿听，让他们快速了解歌词内容、人物出场顺序、事情发展脉络，等到学唱这首歌时，只要在歌词的基础上配合曲调就行了。在自然科学教育活动中认识小白兔时，教师可将《我是小白兔》儿歌结合幼儿的观察唱给幼儿欣赏。以后在音乐活动中再学唱此歌时，幼儿早已把小白兔的形象深刻地记在心中，学唱歌曲也将更加快捷。在美术活动中画出春天的特征时，教师可将歌曲《春天》结合幼儿的观察唱给幼儿欣赏，使幼儿对春天有更加丰富的感知。在音乐活动中教唱此歌时，幼儿就可以边想象边歌唱了。教师应在教唱前提供感性经验，有些歌曲形象生动具体，教师可以创造条件让幼儿在未学歌之前先对歌曲内容有初步的感性认识。例如，教《数高楼》的歌曲之前，教师先带幼儿到大街上看看高耸的楼房，尝试着让幼儿数一数面前的高楼有几栋；教《小鸭小鸡》的歌曲之前，教师让幼儿观察小鸡、小鸭的叫声，了解它们的生活习性。教师可以运用教具等各种方法，引起幼儿兴趣，从而教其新歌。有许多歌曲可直接在音乐活动中教幼儿学唱，从而调动幼儿学唱歌曲的积极性，引起幼儿对歌唱活动的浓厚兴趣，以及帮助他们理解歌词。教师在教新歌时，根据幼儿的年龄选取合适的音乐活动教具，结合相关的小故事或谜语，以及运用教师提问学生回答的方法等，都能获得良好的教学效果。例如，教《摇啊摇》一歌时，教师可以准备小摇床一张（可用废旧物品制作或小凳代替）、小娃娃一个、小花被一床，告诉幼儿要教他们唱《摇啊摇》这首歌，教师边唱边运用教具根据歌词抱着娃娃摇，将娃娃放在小床、盖好被子、摇动小床等动作会使幼儿很感兴趣地、全神贯注地观察老师的动作，体会老师唱的歌词。

## （三）范唱

教师的示范演唱是引导幼儿接触新教材的关键环节，它要求教师具备专业的歌唱技艺，包括规范的姿势、深沉的呼吸、精准的旋律与节奏、清晰的发音以及恰当的情感表达。更重要的是，教师需以身作则，以真诚的态度和对幼儿、歌曲的热爱展示音乐的魅力，让孩子在潜移默化中感受艺术的熏陶。相比专业歌手，幼儿更倾向于欣赏教师充满情感的现场演唱，因为其更具亲近感。教师可以清唱，也可以伴奏唱，但需要注意，范唱时的伴奏要简单，要突出主旋律，不能妨碍幼儿听清曲调。

## （四）学唱新歌

教唱新歌的方法与方式不尽相同，幼儿教师的方法选取主要取决于歌曲的特点与幼儿年龄的特点。

### 1．介绍歌词

有的歌曲歌词比较长，也比较复杂。通常做法是先教幼儿掌握歌词，这样，歌曲的难点往往就能不攻自破了。老师可以通过提问的方法将歌词穿起来，以此引导幼儿记忆歌词、掌握歌词。有的歌曲曲调比较简单，一段旋律中有几段押韵的歌词。有些歌曲节奏非常鲜明，词曲相结合就变得朗朗上口。这样教师就可以从歌曲的节奏切入，先让幼儿熟练地掌握歌曲的节奏，再按照歌曲的节奏来学习歌词，最后让幼儿学会歌曲演唱。例如，歌曲《两只小象》，教师可通过拍手拍肩等身体动作让幼儿先接触歌曲节奏，再有节奏地朗读歌词，使幼儿学习旋律并演唱全曲。

**2．熟悉旋律**

有些歌曲旋律简洁、流畅，则可从歌曲的旋律入手，由简到难，掌握全曲，如歌曲《青蛙》，教师可先教会幼儿学唱第一句旋律，因为第二句旋律与第一句相同，只改动最后几个音即可完成整首歌曲。

**3．分句教唱法**

有些歌曲篇幅比较长，但乐句结构清楚。这类歌曲需要教师将歌曲打碎，手把手地教幼儿学唱每一句。由歌词到旋律，再到词曲结合学唱全曲。这种教唱方法的优点在于一句一句地跟唱，便于幼儿模仿，但同时对于歌曲的完整性也具有破坏性，歌曲所要展现的艺术形象也不能很好地展现出来，并且这样一句一句地学唱歌曲，不利于幼儿积极记忆能力的发展，阻碍其思维等心理活动的发展。

**4．整体教唱法**

对于结构比较短小、形象比较集中的歌曲，教师往往可以采取整体教唱的方法，让幼儿能够从头到尾跟唱整个歌曲。整体教唱法具有很多的优点，如它可以保持歌曲的整体形象以及歌曲情感的完整性，可以在学唱歌曲的过程中引起情感共鸣，如《我爱我的幼儿园》。在教唱与练习新歌的过程中，教师应将歌曲的重点、难点着重地向幼儿讲解，注意培养幼儿的歌唱技能，如正确的歌唱姿势、呼吸方法、发声方法等，以及通过变换演唱形式来增进幼儿练习歌曲的兴趣。歌唱的形式大致可分为独唱、齐唱、接唱、对唱、领唱、轮唱、合唱等。

**5．复习歌曲**

在新歌的教学过程中有着反复练习的成分。在复习歌曲的过程中，教师应继续让幼儿学习歌曲，使其音乐水平不断提高，增加新的因素，让其在有兴趣的情境下复习，并避免单调重复练习。齐声欢唱能够营造一种欢乐的气氛，使幼儿增加唱歌的兴趣。教师应有意识地让幼儿单独歌唱，逐步使每个幼儿都具有大胆地在别人面前单独唱歌的能力。将幼儿分为小组并轮流演唱，这可以使幼儿轮流得到休息，并养成仔细聆听别人唱歌的良好习惯。部分幼儿演唱还能够满足幼儿在独自演唱羞涩胆怯的情况下，却又想表达自己情感的愿望，以及愿意在别人面前唱歌的心理要求，这样能够锻炼幼儿自己进行唱歌的能力。幼儿在唱歌的过程中，经常会边唱边动。这种边唱边表演、边唱边动的形式有助于幼儿快速的记忆歌词，增加幼儿的音乐节奏感，提高幼儿音乐动作的协调性，提高幼儿的音乐表现能力，这些足够引起幼儿复习歌曲的兴趣。

### （五）创造性歌唱

在实际的音乐歌唱活动过程中，幼儿教师可以有意识地引导幼儿歌唱，也可以为他们提供创造性歌唱的机会，促进幼儿音乐创造力的培养。其活动形式一般有以下四种：

1．创编动作

创编动作是指根据歌曲内容编排简单的舞蹈动作。创造性歌唱活动的一大特点就是通过设计富有动态表现的表演动作来诠释歌曲。尤其是那些结构清晰、韵律工整且内容引人入胜的歌曲，它们能激发幼儿的想象力，催生出一系列生动活泼的即兴表演，又如《拍拍手》这首歌，歌词明确提示了动作，因此动作的创编比较容易，比较适合小班幼儿，又如，《蝴蝶花》这首歌，教师可根据歌词内容引导幼儿运用动作表现"蝴蝶花""轻轻走""为什么蝴蝶不害怕"等情节。对于这一类型的歌曲，这些动作应当具备连贯性和完整性，以充分展现歌曲的故事情节。此类活动对创新的要求较高，通常更适合年龄稍大的幼儿群体。在所有类型的动作创作中，教师的核心任务是丰富幼儿的生活体验，鼓励他们关注周围环境，积累丰富的动作以表达词汇。在创作过程中，教师还可以灵活调整歌曲的结构或减缓歌唱的节奏，以适应创编需求。教师可以先将易学的部分做教学，等幼儿熟练掌握动作以后，再把歌曲完整而连贯地表现出来，或者恢复到原有的歌曲速度。

2．创编歌词

歌词创编活动可以极大地激发幼儿歌唱的热情和自主性，使他们在自我表达中收获乐趣。同时，这样的活动对提升幼儿的音乐理解力和创新能力具有显著效果。例如,《打电话》这首歌曲,教师可以引导幼儿创编回答的内容,如"我在做早操""我在学画画"等。教师在活动中应全力激发每个幼儿的主动参与性,鼓励幼儿独立思考和创作,而不是包办代替。只有当幼儿在词汇运用上遇到困难时,教师才能适时介入,给予幼儿必要的启发和引导。教师应切忌以自己的主观评判改写幼儿的创作。

### 3．创编伴奏

这种形式可以与复习歌曲相结合。为了让歌曲更具活力,教师可以引导幼儿通过拍手、口语叙述或乐器演奏等多种方式为歌曲增色,这样不仅能增强幼儿的节奏感知,还能激发他们对歌唱的热情。例如,在学习《小鸟飞来了》时,教师可以设计不同的节奏变化,并配合不同类型的打击乐器,让幼儿在实践中深化对音乐的理解和喜爱。

### 4．创编丰富的演唱形式

对于同一首歌曲,不同的幼儿能够呈现出不同的演唱形式,这样可以让幼儿更好地理解歌曲,增强歌曲演唱的表现力和感染力,如歌曲《小花狗》,幼儿将两手放在头的两侧做小狗耳朵,根据乐曲节奏招手、拍手、拍腿,两手放在嘴边,做啃肉骨头的动作,等等。

## 五、幼儿歌唱活动的指导要点

歌唱教学是根据歌曲自身的题材、性质、内容、教学对象年龄采取特定方式的教学。

### （一）引导幼儿感受音乐和表现音乐是幼儿歌唱活动的重点

歌唱活动是以提高幼儿音乐基础素质为目的而进行的音乐教育活动。教师一定要以幼儿感知歌曲的能力基础为前提,从幼儿的听觉入手,通过幼儿对歌曲的歌词和旋律的初步感受,使其与歌曲内容产生联系和感知旋律表达的情感。教师应积极指导幼儿辨别音高、音值、速度、力度,感知节拍、节奏、歌曲的结构以及旋律等,进而促进幼儿音乐综合素质的提升。同时,在歌唱活动中教师要鼓励幼儿积极地通过歌声和动作表达歌曲的情感，体验歌曲的意境，使幼儿全身心地沉浸在歌唱活动之中，从而获得快乐。在歌唱过程中，幼儿歌曲的句读和换气的间隔不宜过长，音量力度不宜太强，音域要适度，连续唱歌的时间不宜过长，避免损伤幼儿的嗓子，造成声音沙哑。

### （二）创新形式和优化方式是幼儿歌唱活动的有效策略

教师在准备幼儿歌唱活动时有许多方式方法，切入点更可多种多样，教师只有灵活组织教学，通过多元化、多样化形式的练习才能使教学生动有效。在指导幼儿进行练习、巩固时，教师一定不要用简单化、单一化、机械化的重复形式教学。教师要掌握幼儿整体的歌唱情况，也要仔细观察幼儿个体的具体能力，注意练习方式的多样化。教师在组织幼儿歌唱教学活动时可以用一种方法，也可以用多种方法，如以图谱为主要教具开展幼儿歌唱教学活动，能够开发幼儿的形象思维，使得幼儿在自己的潜意识中对概念有更加清晰的认识与理解。图谱可以使音乐材料变得更加简单和形象，同时可以增强音乐的直观效果，使得幼儿能够在理解图谱的基础上达到记忆歌词的效果，让幼儿能够比较轻松地掌握各种旋律、各种音色、各种音准和歌曲赋予的情感，进一步激发幼儿对音乐的兴趣，能够积极主动地参与音乐教育活动，加深自己对音乐的理解与记忆。幼儿在多样化的"玩""乐"中实现了乐意学、快乐学，避免了在简单的、单一的集体歌唱练习时可能出现的幼儿注意力下降、枯燥乏味的情况，能有效地帮助幼儿自主学习，从而提高歌唱活动质量。

### （三）突出主体和因材施教是幼儿歌唱活动的基本原则

在幼儿音乐活动中，保证教育活动"生动活泼"的重要方法之一就是教师与幼儿适度的相互作用。在歌唱活动中，教师应依据歌唱活动的主题确定自己的参与方式并鼓励幼儿主动参与，通过有效的互动将幼儿的主体地位凸显出来。教师可以通过"探索—发现—尝试—感受—体验—即兴—创作"，综合全体幼儿的整体水平，掌握幼儿个体的具体情况，做有针对性的指导，让幼儿经历"唱—会唱—有情感歌唱"的过程，从模仿到创造，使幼儿获得知识和技能，用歌声、动作来激励和感染、教育幼儿，促进幼儿可持续的全面发展。

**案例分析：**

## 幼儿歌唱活动《好朋友》

一、活动目标

（1）知道在生活中帮助有困难的小朋友，感受有好朋友的喜悦心情。

（2）尝试创编歌词，提高幼儿的创编能力。

（3）理解歌词内容，学习听节奏，能用欢快的声音表现出好朋友相互帮助的快乐感受。

二、活动重难点

（1）重点：理解歌词内容，能够用欢快的声音演唱歌曲。

（2）难点：尝试创编歌词。

三、活动准备

（1）材料准备：课件、图谱、音乐、钢琴。

（2）知识准备：带领幼儿练习发声。

四、活动过程

（一）导入

听《找朋友》的音乐，律动入场，利用音乐进行练声活动。

导入语：小朋友们，快听今天老师给大家带来了什么好听的歌曲。

（二）结合图谱，学习歌词

（1）说说自己的好朋友，讲述好朋友的主要特征，请其他幼儿猜测，然后说说为什么喜欢他。

（2）教师示范清唱歌曲（间奏可以用钢琴演奏），请幼儿注意歌曲唱了什么，并出示相应的图谱。

（3）教师示范演唱第二遍，请幼儿注意歌曲的间奏部分，并出示"闭紧的小嘴巴"图片，代表间奏时不唱歌曲。

（4）配合图谱，利用钢琴伴奏，学习歌词。

（三）结合图谱，学唱歌曲

（1）引导幼儿跟教师一起学唱歌曲，间奏时不演唱，并在结尾处用短暂的声音说出"嘿！嘿！"。

（2）对幼儿的表现进行评价，尝试让其看图谱演唱歌曲。

（3）请幼儿分组演唱歌曲。

（四）熟悉歌曲，演唱时加入简单的动作，体验歌曲的欢乐情感

（1）请幼儿说一说当自己衣服扣子系不上时有什么感觉。好朋友帮助自己后，心情会怎样？引导幼儿体验被帮助的感受（开心、愉悦）。

（2）请小朋友用简单的动作表现如何帮助别人梳头、扣纽扣。

（3）师生共同尝试用简单动作表现歌曲的欢乐情感，重点指导幼儿用欢快的声音演唱歌曲。

（五）尝试创编歌词，让幼儿知道在生活中要帮助有困难的小朋友

（1）请小朋友想一想好朋友之间除了可以帮忙梳头、扣纽扣外，还可以干什么？师生共同尝试创编歌词。

（2）将幼儿创编的歌词加入音乐中并尝试演唱，让幼儿体验创编的快乐。

（六）结束

教师总结幼儿活动表现，结束活动。

（七）活动反思

3～6岁幼儿思维的主要形式是具体形象思维。在活动中，教师利用"闭紧的小嘴巴"图片，告诉幼儿间奏时不唱歌曲，生动形象，符合幼儿思维特点，易于幼儿接受理解并付诸行动。将幼儿创编的歌词加入音乐中并尝试演唱，这不仅可以让幼儿体验到创编的快乐，还可以帮助幼儿树立自信心，这一点是难能可贵的。

# 第五章　幼儿音乐教育评价

## 第一节　幼儿音乐教育评价的作用

幼儿音乐教育的评价机制是一个系统且深入的过程，它聚焦于该教育的独特特性和构成元素，通过对音乐活动全方位的信息采集与解析，来审视并衡量其教育价值和成效。这个过程涵盖了对教学目标的精准定位、活动设计的合理性、教育内容的有效性、资源选择的适用性以及教学实施的实际效果等多个维度的评价。评价不仅仅关注幼儿音乐学习的成果和全面发展，更关注对音乐教育核心价值的挖掘，如教师的教学理念、活动组织形式的创新性、教学目标设定的恰当性以及师生互动质量的提升等。因此，音乐教育评价不仅是理论研究的推动力，更是优化和提升音乐教育实践操作的重要途径和策略。

### 一、诊断功能

在评价过程中，教师既能获得幼儿在音乐活动中所掌握的知识和能力，又能对幼儿音乐教育的具体内容进行诊断，即通过幼儿音乐发展状况的调查，对幼儿的音乐发展状况进行分析判断，并从幼儿的兴趣、情感、态度等方面对其音乐教育活动进行科学的诊断，从而得出合理的结论。幼儿音乐教育评价只有对音乐教育的目的、内容和方法进行及时的诊断，使其评价达到与幼儿的音乐能力发展水平相适应的程度，这样才能使幼儿音乐教育的改革与发展得到持续的推进。

## 二、反馈功能

从哪个层面进行的评价，都能够体现出评价的主要作用是对音乐教育的反馈。幼儿音乐教育的结果性反馈或过程性反馈可以改进教育工作，提高音乐教育的质量，还可以进一步改进教师的教学方法。

## 三、促进功能

幼儿音乐教育评价具有多重促进功能。可以促进幼儿全面发展：音乐教育评价关注幼儿在活动中的表现，通过评价反馈促进幼儿在音乐、情感、社交、感知等多方面的发展。可以促进教师自我成长：评价过程也是教师反思和自我提升的过程，有助于教师优化教学方法，提高教育质量。可以促进课程本身发展：音乐教育评价不仅关注幼儿和教师的表现，还涉及对课程内容和教学方法的评估，有助于课程的持续改进和优化。综上所述，幼儿音乐教育评价在促进幼儿全面发展、教师自我成长以及课程本身发展方面发挥着重要作用。

# 第二节 幼儿音乐教育评价的原则

## 一、计划性原则

幼儿音乐教育评价的主要目的是推动音乐教育活动同行之间的互相评价，并且教师可以进行自我评价。由此可见，幼儿音乐教育的评价具有明显的目的性和计划性，能够促进幼儿教师在音乐教育发展的道路上更好地发展。幼儿园可以把音乐教育的评价工作纳入幼儿园教师与同行交流和合作的途径中。在集体合作的基础上，教师可以观察并分析幼儿在活动中不能融入集体的原因，进而给出一份幼儿初步发展方面的评价，并找出造成这种评价的原因，再对计划进行再评价、再调整，最后让特殊幼儿逐步赶上一般幼儿的发展水平。

## 二、针对性原则

针对性原则主要是指评价工作需要围绕当前存在的主要问题或具体的教学目标、内容来进行。评价幼儿音乐教育活动一般是针对具体的问题或具体的课题来进行评价，可以有针对性地对音乐教育活动中的问题进行评价，也可以欣赏具体音乐教育活动内容。在幼儿音乐教育活动中，教师可以依据幼儿具有的感知特点，用幼儿的动作作为开展音乐欣赏活动的引导。经过音乐教育活动的教学，教师可以评价教学过程中的教学方法与教学手段，据此来思考与探索幼儿园音乐教育欣赏教学模式。这样的评价方式不仅具有针对性，也具有实用性。

## 三、全面性原则

全面性原则是指进行音乐教育评价时，从系统的整体性出发，对音乐教育进行全面、多方位的评价。教育评价是一种动态的、不断变化的、综合全面的过程。作为评价者，不仅要对幼儿音乐学习与发展状况进行评价，而且要对教师的教学与辅导进行评价；不仅要评价幼儿在音乐教育中的表现，而且要观察、评价幼儿在日常生活中的音乐表现。对幼儿在音乐活动中的能力、兴趣、情感等方面都要作出概括、全面的评价，也要认识到幼儿在学习过程中存在的不同，并给予个体化的评价；不仅要评价音乐教育活动的目的和内容，还要评价音乐教育环境和教材的选用与使用，还要评价音乐教育活动的方式和方法，以及师生在活动中的相互作用。在此基础上，评价者提出了一种新的评价方法，既要对活动的静态因素进行评价，也要对其进行动态的评价。在评价过程中，评价者应充分发挥其对幼儿的诊断功能，并确保其不伤害幼儿的安全与自尊。总而言之，对音乐教育的所有要素进行全面的、连续的、持续的评价，可以将幼儿的学习能力提高到一个新的高度。

## 四、客观性原则

客观性原则主要是指客观、公正地对幼儿音乐教育进行科学的评价。尤其是针对幼儿的音乐教育活动进行细节评价时，评价者绝不能仅靠主观判断或带有个人的感受，需要详细了解评价细则，科学使用评价细则，用科学的评价促进音乐教育活动的发展，利用评价的作用促进音乐教育的不断发展。

# 第三节　幼儿音乐教育评价的测量标准

## 一、西肖尔音乐才能测量

20世纪初，美国音乐教育兴起了一场开展音乐测量和评价的运动。这是因为，利用客观有效的测量方法对音乐教育进行必要的测量与评价，能够收集到音乐教育活动相关信息，能够体现幼儿在音乐活动中的主要发展特征，从而使音乐教育能够依据音乐测量得来的客观活动资料，对音乐教育活动的过程进行评价，及时对音乐教育活动的目标、过程、教学等进行必要的修订与完善。

在这场音乐测量运动的推动下，世界上第一套标准化的音乐测量的专业工具诞生了。西肖尔在做了大量研究工作的基础上，制作了测量音乐才能的六个测验项目：

（1）音高感——音高差别感受性，用音高差别感觉阈限来测量，让被测试者听两个不同频率的单音，要求回答第二个音较第一个音是高还是低；

（2）音强感——音强差别感受性，用音强差别阈限来衡量，让被测试者听两个不同响度的单音，要求回答第二个音较第一个音是响还是轻；

（3）时值感——音长、音短差别感受性，用音长、短差别阈限来测定，让被测试者听两个不同时值的单音，要求回答第二个音较第一个音是长还是短；

（4）音色感——对音色和音质的区分能力，让被测试者听两个谐音有所差异的单音，要求回答两音的音色是相同还是不同；

（5）音高记忆——重复出现无关音，发现音高变化的能力，让被测试者听两条连续音高，每条含三五个音，要求回答音高有何不同；

（6）感受重复呈现敲击的节奏时，发现节奏变化的能力，要求被测试者听两个节奏音是相同还是不同。

这个典型的心理物理学性质的实验，把每一个自测量的自变量的变化仅控制在一个单片的因素内，且发声媒体是音乐性质的实验仪器，以此作为音乐才能测验的工具来预测广义的音乐成就的发展程度，其可以用来发现不同个体在音乐上存在的差异性，如某个人可能对音高的微小差异高度敏感，对节奏差异中等敏感，对音色差异敏感性较低等。这些表现在不同个体的音乐能力倾向能够对幼儿音乐成就感的早期估测、诊断以及音乐教育的因材施教提供参考。

## 二、初级音乐表象测量

1965 年，美国音乐教育家戈登编制了音乐能力倾向测验，这是测量音乐能力倾向的标准测验之一，测验包括七个元素：旋律、和声、节拍、速度、短句、平衡、风格，1979 年，戈登又出版了《初级音乐表象测量》，主要是针对幼儿园至小学 3 年级幼儿参照的测验手册，提出了对于幼儿音乐能力的培养更加倾向于测试"直觉反应"，评价其在音乐发展中的重要作用。美国的音乐心理学家西肖尔的《音乐才能测量》出版之后，西方音乐教育界相继出现了一系列有代表性的音乐才能的测验，如翁氏音乐智力测验、科瓦尔瓦塞音乐才能测验、德雷克音乐才能测验、戈登音乐测验。这些测验由于采用了钢琴、小提琴、大提琴及录音磁带作为测验的发声媒体和音响，其有效度大大增加。

《初级音乐表象测量》主要是由音调测验、节奏测验这两个部分组成。每个子测验包括 40 个测项，每个测项是成对的音序列，由 2 ～ 5 个时翻等的音组成。成对的音序列或完全相同，或改变其中一个音。节奏测验是由音高相同的音组成的成对的节奏型。它们有的完全相同，有的拍子或音群的组织不同。每个测项里，每对片段中间隔 5 秒钟。所有的测项均为电子合成。测验的任务是要求幼儿听辨这些成对的片段中第一个和第二个是相同还是不同。为便于学龄前幼儿回答测验的问题，戈登特别设计了一些幼儿熟悉的物品图形，如汽车、匙子、帽子、船等，用来代表各个测项；还设计了笑脸和皱眉面孔的图形，供幼儿选答：若测项中成对的片段相同，幼儿就在两个同样的笑脸图形上画圈。

# 第四节　幼儿音乐教育评价的方法

幼儿音乐技能的发展程度是通过教师在孩子们的日常生活中进行的专业的音乐教育活动和在家里进行的"音乐启蒙"行为来体现出来。通过观察、交谈、问卷和测试等方式，评价者对幼儿的音乐技能的发展进行适当的评价。利用音乐教育的专家学者以及权威机构所制定的幼儿音乐能力发展的标准化测量工具进行评价，可以为真实地了解和评价幼儿的音乐能力发展水平提供有价值的参考。

## 一、观察法

观察法是指有目的、有系统地对幼儿的音乐行为进行直接观察，并对其评价。这样的评价方式不仅科学合理，而且有利于从幼儿群体中获得更多的反馈，让教师获得真实有效的结果。

采用观察法进行评价，可以通过两种方式来进行，也就是在幼儿最真实、最自然的音乐活动中，对幼儿的行为进行观察和评价。教师只要清楚地知道要看什么，并做好相关的笔记。比如，有一次，A 和 B 两个幼儿在空闲的时候自发地进行了音乐活动。A 说："妈妈把我送到了舞蹈课上。"他一边说一边表演着舞蹈课上教的舞蹈。B漫不经心地看着。A说："我来教你这个舞蹈。"说着，他抓住了B的胳膊，B飞快地抽回了自己的手，然后离开了。通过以上的观测，我们可以了解到A和B幼儿在音乐兴趣、表现欲望以及性格特征方面的差异。因为自然观察能跨越时间和空间的限制，能够在任何时间、任何地点、随意地进行，因此具有很强的弹性，然而，因为观测的对象处于不同的环境、不同的时间、不同的空间，所以观测的结果也会受到不同的影响。采用观察法进行评价也可以通过人工创造特定情境来进行观测。在普通的、常规的活动中很难看到的情形，教师可以按照评价指标系统的需要，专门设置一个活动、游戏或情境，让孩子们在自己的音乐发展上能够很好地表达出来。例如，为了引导幼儿积极地探究音乐的发展，教师可以在播放一首三拍子的柔和音乐时，给孩子们准备各种小动物的帽子、纱巾、彩带等道具，让他们用自己的肢体动作去探究和表达自己。通过这种特殊的方式，教师们可以看到班上所有学生在学习上的差异。

## 二、谈话法

谈话法是指评价者和被评价者之间一种直接的口语沟通的方式。谈话的方式可以是问答或其他比较随意的方式。比如，在平常的生活中，教师可以主动去接触那些在平常的音乐教育活动中表现得比较被动、对活动不感兴趣的幼儿。只有在和他们进行一次平等的、轻松的谈话之后，才能明白造成这些行为的真正原因——是幼儿自身的因素还是教材的因素，还是教师的教学质量的问题。当然，教师可以根据这样的评价作为教学参考，调整或改进幼儿音乐教育活动。可见，这种评价的方法不是评价方式，不能作为评价设计的指标，但可以作为音乐教育评价的辅助方法来进行运用。

## 三、调查问卷法

调查问卷法是通过设计和发放调查问卷，收集教师和管理层对音乐教育活动的看法和指导，以此评价音乐教育的质量。问卷的反馈能够帮助识别幼儿的音乐学习状态，并据此做出相应的改进。

## 四、测评法

测评法是一种评价幼儿音乐能力发展的方法，通常使用标准化的评价工具或定制的音乐能力测验。这些测评法由于通常由权威机构或专家制定，因此能准确且公正地展现幼儿的原始情况。其优势在于严谨的科学性和高效率，尤其适用于评价不同年龄阶段或个体幼儿的音乐能力水平、特性、发展趋势和个体差异，另外，这种方法可以收集幼儿在音乐教育前后的成长数据，以便评价者进行综合评价。

## 五、综合评价法

综合评价法是专为音乐教育活动设计的，包含多维度评价标准的评价体系。它不但能对音乐活动的各个方面进行静态评价，也能捕捉到活动过程中的动态变化，从而获取全面的评价信息。评价结果是以等级形式呈现，既适合定量分析，也适合定性分析。无论是上级管理者对音乐教育的现场检查，还是同行间的相互评价，还是教师自我评价，都需要此方法。

# 第五节 幼儿音乐教育评价的内容

幼儿园音乐教育评价是从幼儿园本身出发，针对音乐教育进行常规计划、管理、实施等过程的评价。其内容包含以下几方面。

## 一、幼儿园音乐教育管理评价

音乐教育管理评价主要是评价幼儿园对音乐教育的重视程度。幼儿园音乐教育实施过程管理主要包括音乐教育整体实施、音乐教育规律的研究、提高音乐教育质量改进措施、音乐教育环境的创设等。这种评价既可以是对幼儿园管理工作的评价，也可以是幼儿园园长教学管理工作的自我评价。评价指标主要包括：

（1）是否在幼儿园课程设置中占有均衡的地位，也就是音乐教育在幼儿园整体教育中的分量比，这是衡量幼儿园对音乐教育活动重视与否的重要标尺。

（2）是否有明确的音乐教育工作总目标，是否有完整的音乐教育活动实施计划以及主题活动或单元活动中所涉及的具体音乐教育活动。

（3）是否有专门主管音乐教育的领导或领头人，是否进行常规的或不定期的活动交流，是否有用听课、评课等形式进行音乐教育的教研活动。

（4）是否投入足够的音乐教育经费，是否有音乐活动场地、设备，场地的常规使用和维护是否能够保障，设备是否齐全、合乎要求，如音乐活动室、音响、影视设备、足够的打击乐器、表演场地等。

（5）幼儿园是否注重教师音乐素质和能力的提高，是否支持教师的进修、学习，是否有常规的音乐教育能力的培训、交流活动；是否鼓励教师参加教学评优和竞赛活动，是否鼓励教师引进适合时代发展的新的教育理念、新方法、新手段等。

（6）是否有园内外的音乐交流展示活动，如专家引领、园际交流等。

## 二、幼儿园音乐教育研究的评价

幼儿园音乐教育活动研究的评价是对幼儿园音乐教育活动实施过程中的教育研究的计划、保证实施的措施以及实际落实情况的评价。具体评价指标主要包括：

（1）幼儿园是否有音乐教育学科的教科研专题，是否有科研计划、具体实施步骤以及开展的相关活动资料汇总。幼儿园是否具有常规的音乐教科研活动，如活动经验交流、互相听课、评课，针对某一课题进行讨论、分析、论证等。

（2）幼儿园是否鼓励和引导教师探讨实践新的音乐教育理念、方法，探索运用现代化的教学设备手段。

（3）是否鼓励幼儿园教师对音乐教育教学经验进行有效总结，是否鼓励幼儿园教师积极发表教育教学论文、主持或参与各级科研课题等。

（4）幼儿园是否能够保证和落实音乐教育教学具体措施。

## 三、幼儿园园本资料的评价

其主要是评价整个幼儿园的管理层对幼儿园音乐教育活动资料的保留与积累。

园本资料的评价指标主要包括：

（1）是否有每学期音乐教育活动的计划与总结。

（2）是否有幼儿园音乐教育活动的小结或研究报告。

（3）是否有幼儿园领导或同行之间的听课、评课情况记录。

（4）是否有在刊物上发表的音乐教育活动总结、活动设计、研究报告等。

（5）是否有音乐教师各个层面计划、实施步骤、听课评课记录、课例分析、专题总结或报告以及经验总结和改进意见。

（6）是否具有本园特色的音乐活动资料的收集和保存，如活动照片、活动视频、活动记录，甚至更为系统的园本音乐教材。

（7）是否有参加社会活动、专家讲学、发表作品以及本园成果资料积累。

## 四、师资队伍建设的评价

师资队伍建设的评价主要是指评价幼儿园在教师队伍建设方面所采取的相应措施。

具体评价指标主要包括：

（1）是否加强幼儿园教师的师德师风教育，推动提高幼儿教师的敬业精神和钻研业务能力，提高幼儿园的教育质量。

（2）是否对幼儿教师进行有计划的业务培训和能力提高。

（3）是否引进经验丰富的优秀幼儿教师走进幼儿园进行业务指导。

（4）是否开展新老教师结对子，实施"青蓝工程"，提高青年幼儿教师的业务能力和水平。

# 五、对幼儿园音乐教育活动的评价

幼儿园音乐教育活动的评价要依据幼儿音乐教育活动的设计和实际操作的环节顺序来进行。其主要包括以下几个方面。

## （一）活动设计的评价

### 1. 活动目标评价

活动目标是指在幼儿教师具体的要求之下，再根据幼儿自身发展实际来确定活动的结果。在音乐活动的目标评价中，评价者主要从以下三个方面来进行评价：

（1）评价音乐活动的总体目标、单元目标是否保持一致。

（2）在音乐活动目标中有没有音乐技能方面的详细要求。

（3）音乐活动目标与幼儿实际需要是否一致。

对于活动目标的实现来说，基础就是不同年龄段目标的实现。各个阶段的目标在评价音乐教育活动目标时，有必要从目标体系的系统中来考虑，以此评价目标的合理性，如在一个中班的韵律活动中，幼儿在音乐活动中也能够完成动作，但跟随节奏做相应的动作不够规范，此时这个目标就没有很好地贯彻和体现总目标。如果各个年龄阶段目标和音乐教育的要求不够合理就会导致幼儿的创造性动作不够完善。一般来说，目标应显示出幼儿的认知、情感：

（1）活动的总体目标、单元的具体目标要保持一致。同时，活动目标与每一个向上递进关系的目标都要有非常直接的联系。

（2）活动的总体目标必须满足幼儿的认知、幼儿的情感、幼儿的操作技能这三方面要求。这里指的兼顾并不是说每一个教育目标必须涵盖所有这三方面内容，这就需要幼儿教师根据音乐活动的具体内容，再结合幼儿的具体实际来确定好活动目标。

（3）活动目标的设计与幼儿实际情况是否相适应，不同生活地域、不同的家庭社会环境、不同园本文化和环境设施以及班级幼儿特点和实际存在个体差异，使得教师在活动目标设计中的全面评价是十分重要的。

对音乐活动的目标来评价时，评价者首先要清楚活动目标的构成。这里的目标又分为主目标和次目标，教师在制定目标时要按照教育发展的趋势和要求来制定，如确定年龄阶段目标，需要满足具体年龄阶段幼儿发展趋势与要求，针对不同年龄段的幼儿班级和不同幼儿班级内的幼儿，都会存在差异。比如，在中班，设置的幼儿韵律活动教学目标是让幼儿能够体会到通过动作、姿态、表情等与人交流的乐趣。由此可见，教师应根据班级幼儿的实际情况来设置教学目标，如果班内幼儿音乐能力水平较差、班内男孩多、班内孩子的动作表现力较弱、班内孩子与同伴合作表演经验少等，教师就不能照搬这个目标，而是应根据孩子的实际情况确定新的教学目标，如教师可以将教学速度调整，将目标分成多个小目标，最终实现音乐活动目标。

2．活动内容的评价

活动内容是指幼儿音乐活动中指向音乐作品的音乐材料，它能够确保实现活动目标。在评价过程中，音乐教育活动的内容至关重要，主要体现在活动内容的选择评价和活动设计的评价。一是选择的活动内容要与音乐教育的目标保持一致，与音乐教育活动的范围保持一致，与幼儿自身能力的发展保持一致。二是音乐教育活动的材料需要区别于音乐自身的独特艺术性与审美性。只有具备音乐艺术特性的音乐材料，音乐教育活动才能发挥其美育的功能，让幼儿接受美的教育。

对于活动内容的评价主要包括：

（1）内容是否支持活动目标的达成，是否适合自己班级幼儿的能力发展水平，内容本身是否具有审美和艺术价值。

（2）活动内容的设计和组织是指教师在设计活动时，其内容比例设置是否合理，难点重点是否突出，内容和形式是否相协调，活动组织环节是否合理，过程是否顺畅，等等。

（3）音乐教育活动中各内容之间是否具有良好的比例关系，音乐教育活动各部分内容之间是否衔接流畅。

### 3．活动方法的评价

活动方法主要是指实现音乐教育活动目标所使用的手段与途径。这里所说的方法不仅指教师教育教学的方法，也指幼儿接受音乐活动的方法。音乐教育教学方案设计需要注意以下几方面：选择和运用的评价方法需要匹配音乐活动的内容及目标；运用和选择的评价方法需要融入具体的音乐活动方法，体现幼儿的自主性和活动有关设备相关性。

对于活动方法的评价主要包括：

（1）是否选择与目标相适应的活动方法。

（2）是否选择与年龄特点相适应的方法。

（3）是否选择体现幼儿的主动性的活动方法。

（4）是否注意到活动与环境设备之间的有效联系。

## （二）活动准备的评价

活动的准备工作在幼儿音乐教育活动中至关重要，准备工作的到位与否直接关系幼儿音乐活动的成功与否。幼儿音乐活动的目标、内容等与环境、材料等具有密切的联系。所以，对于音乐教育活动的评价，也需要评价环境和材料。对于环境和材料的评价主要包括：

（1）环境和材料是否促进活动目标完成。

（2）环境和材料是否适合活动内容。

（3）环境和材料是否适合幼儿的实际能力。

在评价音乐教育活动的过程中，教师要充分利用环境和材料，最大限度地发挥好环境和材料应用的作用。

### 1．教师经验准备的评价

（1）教师对活动内容本身是否熟悉熟练，其程度如何。

（2）教师对于音乐内容和技能所涉及外延以及相关的知识技能的准备是否完善，如教师对于有关音乐内容的语言、文字、图片、动作、视频等呈现方式的把控。

（3）教师对活动环节的流畅性与合理性的有效把握与否。

**2．环境材料准备的评价**

（1）选择的环境材料是否能够协助完成音乐活动目标。

（2）准备的环境材料是否能够适合音乐活动内容需要。

（3）选择的环境材料是否符合幼儿的实际年龄特征，满足幼儿活动的实际需要，在幼儿可及的范围，且环境和材料是否能够最大限度得到利用。

（4）环境材料的质量和数量是否能够保证幼儿的活动参与需求，是否考虑其安全因素。

**3．幼儿经验准备的评价**

（1）教师对于本班幼儿实际情况的了解程度。

（2）教师针对本次活动对幼儿进行的前期经验准备。

## （三）活动过程的评价

活动过程的评价主要是指对教师的精神和教态的评价。主要评价内容包括：

（1）教师的教态能否做到精神饱满。

（2）教师对于教学能否积极主动。

（3）教师对于角色讲解能否清晰生动。

（4）教师能否调动幼儿独立思考能力。

（5）教师能否善于提问，与幼儿开展积极的互动，引导幼儿开展主动学习，激发幼儿的情感沟通。

活动过程的注意事项如下：

要关注教师与幼儿的情感交流，在音乐活动中做到因材施教，通过设计不同的组织形式，促进幼儿间的合作与交流，对于活动的安排要做到灵活、有序、紧凑。评价活动的结构性、系列性、递进性，是否体现了结构安排上的动静，注意到每一个环节和步骤之间的层次。幼儿音乐活动过程是一个能动的复杂的过程，是以幼儿为主体在教师引导下的师幼互动过程，对活动过程的评价是针对教师、幼儿、师生互动三个方面进行的：

1．对活动过程中的教师评价

（1）教师的综合业务水平，如语言的把握运用能力、音乐技能、教学技能、教学态度、精神饱满度和热情度是否具备等。

（2）教师对活动的组织、指导是否有效，能否照顾到班级的所有幼儿，是否具备随机应变的能力，活动环节的进行是否合理有序，等等。

2．对活动过程中的幼儿评价

幼儿是音乐活动的主体，因此幼儿在活动中的具体表现是我们评价的重点，如幼儿是否有兴趣、注意力集中地积极参与，参与过程中的具体表现程度如何，是被动参与，还是主动参与，是简单模仿，还是能动发挥，等等。

3．对活动过程中的师幼互动评价

教师是幼儿音乐活动的组织者和支持者，幼儿是活动的主体，师幼互动的评价主要体现在以下几方面：教师巧创的环境能否引发幼儿主动学习的兴趣，语言和活动引导是否能够完全吸引幼儿的注意力，活动形式是否能够让每一个幼儿都能完全参与，能否体现因材施教，能否激发幼儿的独立、自信等良好品质的形成，等等。

4．活动结构评价

活动结构的评价主要是评价音乐教育活动的结构安排是否做到有序和紧凑，活动的节奏把握是否张弛有度，是否适合本班幼儿的性格特征和学习特点，整个活动过程是否自然流畅，等等。

## （四）活动效果的评价

对于活动效果评价主要是指对音乐活动中幼儿结果的评价，通常主要有以下几个方面：

（1）对幼儿在音乐教育活动中参与态度、学习态度的总体评价，如评价幼儿在音乐活动中的注意力、积极性等方面。

（2）对幼儿在活动的过程中情感状态的评价，是指在整个活动的过程中评价幼儿的情感是否愉快，轻松，精神饱满等。

（3）对音乐活动的预期目标达成的评价。在活动结束时教师通过观察幼儿的表现，或者通过问询调查的方法来评价是否达成本次活动的预期目标。

# 六、幼儿音乐教育评价

## （一）对幼儿音乐教育活动过程的评价

对于比较综合和复杂的音乐教育活动，评价者需要进行客观和动态的评价，在评价中主要涉及教师、幼儿等方面，通常从以下方面开展评价：

**1.对于教师的评价主要侧重于教态、语言、精神面貌等方面**

（1）正确而清晰地讲解歌唱和舞蹈技巧内容，在教学中能熟练变化角色，引导幼儿学习音乐。

（2）在音乐活动中，教师要保持状态，即需要做到精神饱满、亲切、热情。

（3）具备独立创建音乐情境并提出一定的有效提问的能力，以引发幼儿主动学习的兴趣，通过提问调动幼儿音乐思考能力，展现其对音乐活动的张力和表现力。

**2.在评价活动中，可以对教师与幼儿互动情况进行评价**

（1）为幼儿提供一些与音乐教育教学目标一致的音乐学习的经验。教师提供的音乐学习经验能够有效促进幼儿音乐和谐发展。

（2）为幼儿提供一些在音乐活动中与人交往的机会，激发幼儿自信、独立等品质。

（3）鼓励幼儿能够主动积极地参与音乐活动，让他们能够在活动中灵活自主地学习自己喜欢的音乐。与此同时，幼儿可以在音乐活动中寻找情感交流的机会，促进幼儿间情感的沟通。

**3.评价活动的组织形式**

（1）适当运用多种形式的活动，如合作活动、集体活动等。

（2）组织形式既要根据幼儿音乐发展水平，做到基本覆盖所有幼儿，又要体现个体差异。

4．评价活动的结构

（1）音乐教育活动的结构安排要紧凑、有序。

（2）音乐教育活动结构安排的动静交替。

（3）音乐教育活动中每个环节和步骤之间的层次性、系列性和递进性。

## （二）评价幼儿音乐发展水平

对幼儿音乐发展水平的评价，要根据不同年龄幼儿的认知能力，制定不同的评价指标。

1．审美感受

（1）小班：能集中注意倾听或观看喜欢的音乐舞蹈表演，并能在音乐活动中体验快乐。愿意参加音乐游戏和舞蹈活动，多渠道参与体验、感受。

（2）中班：能感知音乐中明显的音高、速度变化，感受二拍子、三拍子节拍的特点。会听前奏、间奏，感受不同性质的歌曲和乐曲。

（3）大班：能感受、理解和欣赏有典型特点的音乐作品。并能感受有典型特点的不同类型的音乐，以及听辨明显的乐曲特点。

2．艺术表现

（1）小班：能乐于进行歌唱、律动、打击乐等活动，会伴随音乐做简单的身体动作。会唱简单、熟悉的歌曲，声音响亮、发音清楚。

（2）中班：能基本唱准歌曲旋律，并知道通过动作、打击乐、语言等形式理解、表现音乐。能随音乐做简单的舞蹈动作，体验情感。能用自然的声音较有表情地歌唱，随不同的音乐拍打节奏。

（3）大班：能随音乐的变化改变动作的力度、速度，用动作、表情自然地表达情感。吐字清楚，唱出歌曲中明显的力度和速度的变化，用多种乐器进行合奏。

3．想象创造力

小班：对自己熟悉喜爱的歌曲、乐曲能自主地做简单的模仿。编歌词及舞蹈动作，能替换短小歌曲中的歌词。

中班：学习创编简单的歌词与舞蹈动作。将新编的歌词替换到歌曲中，需要有一定的想象力和创编能力。

大班：利用各种小乐器、自制玩具进行节奏活动。随音乐做舞蹈动作，用自己喜欢的方式表现音乐。

### （三）评价音乐教育活动的最终效果

活动效果评价主要是指从幼儿音乐教育方面得到的活动效果评价，主要包括：

（1）评价音乐教育活动过程中幼儿的参与度、注意力集中度、表现力的积极性等。

（2）评价音乐教育活动过程中幼儿的情感反应与精神饱满度。

（3）评价幼儿对音乐教育活动目标达成的情况。

# 参 考 文 献

［1］杨立梅．幼儿音乐能力培养的策略与方法［M］．北京：教育科学出版社，2007．

［2］廖乃雄．音乐教学法［M］．北京：中央音乐学院出版社，2005．

［3］吴式颖．外国教育史教程［M］．北京：人民教育出版社，1999．

［4］梅纽因，戴维斯．人类的音乐［M］．冷杉，译．北京：人民文学出版社，2003．

［5］庞丽娟．教师与儿童发展［M］．北京：北京师范大学出版社，2001．

［6］张前，王次炤．音乐美学基础［M］．北京：人民音乐出版社，1992．

［7］刘枫．关于幼儿音乐教育游戏化的讨论［M］．海口：南方出版社，2007．

［8］张卫民．儿童艺术教育创新论［M］．北京：高等教育出版社，2003．

［9］赵宋光．音乐教育心理学概论［M］．上海：上海音乐出版社，2003．

［10］王惠然．幼儿音乐教育［M］．北京：北京师范大学出版社，2012．

［11］谢嘉幸，郁文武．音乐教育与教学法［M］．北京：高等教育出版社，2006．

［12］许卓娅．歌唱活动［M］．南京：南京师范大学出版社，2010．

［13］李妲娜，修海林，尹爱青．奥尔夫音乐教育思想与实践［M］．上海：上海教育出版社，2002．

［14］王道俊，王汉澜．教育学［M］．北京：人民教育出版社，1999．

［15］卢广瑞．音乐欣赏［M］．北京：清华大学出版社，2007．

［16］王振宇．儿童心理发展理论［M］．上海：华东师范大学出版社，2000．

［17］曹理，何工. 音乐学习与教学心理［M］. 上海：上海音乐出版社，2000.

［18］楼必生，屠美如. 学前儿童艺术综合教育研究［M］. 北京：北京师范大学出版社，1997.

［19］周世斌，宫正. 国外音乐教育文献选读与分析［M］. 上海：上海音乐出版社，2007.

［20］王懿颖. 学前儿童音乐教育［M］. 北京：北京师范大学出版社，2010.

［21］胡睿. 数字多媒体在幼儿音乐欣赏活动中运用初探［J］. 课程教材教学研究（幼教研究），2008（2）：41-42.

［22］李亚秋. 学前音乐教育改革初探［J］. 赤峰学院学报，2005，（6）：136-137.

［23］王文辉，施东钰. 幼儿音乐欣赏教学初探师［J］. 学前教育研究，2000（6）：53.